Nikolaus von Preradovich

K. u. K. Anekdoten

Nikolaus von Preradovich

K. u. K. Anekdoten

tosa

Mit Genehmigung der F. A. Herbig Verlagsbuchhandlung GmbH, München
Umschlag von Beate Dorfinger unter Verwendung des Postkartenbildes „Czárdás" von Fritz Schönpflug, © by Postkartenverlag, Wien

Printed in Austria

Inhalt

Vorwort

Warum ich dieses Buch geschrieben habe? Das war ein sonderbares, aber liebenswertes Unternehmen, dieses »alte Österreich«, die österreichisch-ungarische Monarchie zu schildern, die Monarchie auf Kündigung, wie ironische Skeptiker meinten. Am besten fange ich mit mir selbst an! Als ich geboren wurde – 1917 –, bin ich nach der landläufigen Vorstellung »Österreicher« gewesen. Dem war jedoch keineswegs so. Unsere Familie hatte im Dorfe Veliki Gyurgyevac Heimatzuständigkeit. Der Ort lag im Comitat Belovar im Königreich Kroatien. Dieses Königreich seinerseits gehörte jedoch als integrierter Bestandteil – und das seit dem Jahre 1102 – zum Reiche der Stephanskrone. Deshalb bin ich nicht österreichischer, sondern ungarischer Staatsbürger gewesen. So einfach war das! Die sogenannte Doppelmonarchie reichte von der russischen bis zur schweizerischen, von der preußischen bis zur türkischen Grenze. In ihr lebten – mit mehr oder minder großer Begeisterung – Deutsche und Madjaren, Polen und Ukrainer, Tschechen und Mährer, Rumänen, Italiener und Zigeuner, Juden und Slovenen, Kroaten und Serben, Slovaken und Bosancen, Hercegnovcen, Arnauten und Friauler. Diese unterschiedlichen Völker sprachen naturgemäß desgleichen äußerst unterschiedliche Sprachen. Sie schrieben deutsche, lateinische, cyrillische, jüdische und türkische Schrift. Sie beteten zwar alle zu Gott, taten dies jedoch wieder auf die verschiedenste Art. Neben den römischen gab es griechische Katholiken, hinzu traten Lutheraner und Calviner, Griechisch-Orthodoxe, Muselmanen und Anhänger des mosaischen Glaubensbekenntnisses. Das war nicht ganz einfach, alle diese Nationen unter einen Hut zu bringen. Als der Nationalismus der Eliten zum Volksnationalismus geworden war, konnte sich auch kein Staatsmann mehr rühmen, dieses Kunststück fertiggebracht zu haben. Im Jahre 1918 ist das Deutsche Kaiserreich zusammen-, die Österreichische-Ungarische Monarchie jedoch auseinandergebrochen, und das ist ein beträchtlicher Unterschied.

Das Regierungssystem nach dem sogenannten »Ungarischen Ausgleich« war — um dies vorsichtig auszudrücken — ein wenig kompliziert. Das Kaisertum Österreich, welches von 1804 bis 1867 gedauert hatte, wurde in dem zuletzt genannten Jahr in zwei Teile zerlegt. Der eine nannte sich »Das Reich der Heiligen Stephanskrone«, also Ungarn, der andere verfügte über keinen eigenständigen Namen. Die Bezeichnung der sogenannten österreichischen Hälfte lautete offiziell: »Die im Reichsrat vertretenen Königreiche und Länder.« Sowohl in Wien als auch in Budapest existierte ein Abgeordneten- sowie ein Ober- oder Herrenhaus. Es gab in beiden Hauptstädten je einen Ministerpräsidenten mit einem vollständigen Ministerium, mit alleiniger Ausnahme des Auswärtigen. Es residierten also die k. u. k. gemeinsamen Ministerien für Finanzen, Krieg und jenes des Kaiserlichen und Königlichen Hauses und des Äußeren. Nur dieses Amt war als alleinstehendes Phänomen vorhanden. Unter dem Vorsitz des k u. k. Außenministers tagten gelegentlich die sogenannten Delegationen. Das waren Parlamentarierabordnungen aus Wien und Budapest. Sie sollten sich jeweils um Ausgleich bemühen, der meist zugunsten der politisch wesentlich durchschlagskräftigeren Madjaren ausfiel. Die gesamte bewaffnete Macht war auf folgende Weise unterteilt: Das k. u. k. gemeinsame Heer und die k. u. k. gemeinsame Kriegsmarine stand sämtlichen Beteiligten offen. Sodann existierten zu mehr oder minder individuellem Gebrauch die k. k. Landwehr – ich bitte, besonders auf das fehlende »u« = »und« zwischen den beiden k.k. zu achten – und die Königlich Ungarische Landwehr, die sogenannte Honved. Diese konnte auf Deutsch k. u. = Königlich ungarisch oder auf madjarisch m. k. = magyar kiralyi genannt werden. Im gemeinsamen Heer, der gemeinsamen Kriegsmarine und der k.k. Landwehr war das Deutsche die Dienstsprache. Zu dieser allgemein verordneten Dienstsprache kam noch die jeweilige Regimentssprache, denn die beste Dienstsprache ist zu nichts nutze, wenn der ruthenische Bauernjunge sie nicht verstehen kann. In der ungarischen Honved war selbstverständlich madjarisch Dienstsprache. Eine besondere Extrawurst ist den Kroaten gebraten worden. Sie verfügten – im Rahmen der k.u. oder m.k. Honved – über eine eigene Landwehrdivision, die sogenannten Domobranen, die ihrerseits als Dienstsprache kroatisch verwenden durften. Die Polen hätten auch gerne eine Königlich Galizisch-Lodomerische Landwehr – möglichst nur aus Ulanen bestehend – ihr eigen genannt. In diesem Truppenteil hätte natürlich nur und ausschließlich polnisch gesprochen werden dürfen, wenngleich ein gutes Drittel der Bevölkerung aus Ruthenen bestand und daher das Ukrainische als Umgangssprache benützte.

Wie dem allen auch immer gewesen sein mag, die Doppelmonarchie ist im Jahre 1918 in ihre Bestandteile zersprungen. Heute weinen ihr vielleicht manche Tränen nach. Darum geht es jedoch nicht! Damals wollten die einzelnen Völker neue Staaten gründen oder sich an die Nationalstaaten ihrer Völker anschließen. Das Areal der verflossenen Österreichisch-Ungarischen Monarchie gehört heute zu Österreich, Italien, der Tschechoslowakei, zu Polen, der Union der sozialistischen Sowjetrepubliken, zu Ungarn, Rumänien und Jugoslawien. Eine ziemlich bunte Palette, kann man wohl sagen. Um das Phänomen dieses Staates aufzuhellen, müßten Sie zumindest je eine Geschichte der einstmals in der Doppelmonarchie vertretenen Völker lesen. Dabei würden Sie zu der Erkenntnis kommen, daß die Ungarn über Siebenbürgen ganz was anderes schreiben als die Siebenbürger über Ungarn oder die Rumänen über beide. Sie wären somit dazu gezwungen, eigenständige Studien anzustellen. Das aber würde Jahre Ihres Lebens kosten. Deshalb habe ich dieses Buch geschrieben. Vielleicht ist es an Hand dieser kleinen Geschichten leichter und heiterer, in die große Geschichte einzudringen, als mit Hilfe von großen, wissenschaftlichen und trockenen Werken. Ich darf mir derartige Respektlosigkeiten erlauben, denn ich habe selbst eine Anzahl solcher Arbeiten publiziert.

Hannover im Sommer 1975

Nikolaus von Preradovich

Maria Theresia

Maria Theresia regierte von 1740 bis 1780. Sie hat als Kaiserin zahlreiche grundlegende Reformen durchgeführt und sechzehn Kinder geboren. Die Kaiserin war einem allzu ausgelassenen Treiben der Lustbarkeit durchaus abhold. Sie fand, ihre Hofdamen verwendeten viel zu viel Zeit auf Bälle, Tanzereien und sonstige Unterhaltungen. Tatkräftig und von raschem Entschluß – wie sie zeitlebens gewesen ist –, erließ sie sogleich eine Verordnung, die jene ausschweifenden Festlichkeiten einschränken sollte. An eine der betroffenen Aristokratinnen richtete sie kurz nach der Publikation des Verbotes die Frage: »Ist Sie darüber sehr unglücklich? Sie findet mich wahrscheinlich wieder einmal zu streng.« Die Hofdame war gut abgerichtet. Sie erwiderte untertänig: »O bitte, Euer Majestät, keineswegs. Sie haben auch in diesem Falle – wie stets, wenn ich diesen Umstand besonders hervorheben darf – in jeder Hinsicht völlig recht.« Maria Theresia schmunzelte und meinte: »Ich sehe deutlich, daß Sie mir um jeden Preis schmeicheln will. Aber das macht nichts. Ich gestehe, daß mir solche Komplimente – auch wenn ich sie nicht glaube – dennoch stets von neuem Vergnügen bereiten.«

Philosophischen Disputen und ähnlichen Kapriolen ist die ungewöhnlich realistisch denkende Monarchin stets abgeneigt gewesen. Einmal erklärte ihr ein überaus gelehrter Herr, das einzig richtige sei die vollkommene Einsamkeit. Nur in diesem Zustand könne man sich wahrhaft sammeln. Erst so wäre es möglich, sich geistig zu konzentrieren. Dies aber – die absolute Konzentration – sei die erste Voraussetzung zu fruchtbarer geistiger Arbeit. Darauf meinte die Kaiserin trocken: »Sie haben sicher ganz recht, mein lieber Professor, Einsamkeit ist gewiß eine schöne Sache. Allein, es macht doch erst den rechten Spaß, wenn man jemand begegnet, dem man die Tatsache mitteilen kann.«

Der Botschafter des Großherrn, des Sultans in Konstantinopel, war zu einer Audienz bei der Kaiserin angemeldet. Der osmanische Großwürdenträger erschien in malerischer Aufmachung und mit einer beträchtlichen Anzahl von Gefolgsleuten in der Hofburg zu Wien. In Dingen der Religion und der Sittlichkeit kannte Maria Theresia keinerlei Spaß. Kaum war der Pascha erschienen, überfiel sie ihn sogleich mit den Worten: »Ich halte es für ungewöhnlich bedauerlich, daß die Vielweiberei in den Herrschaftsgebieten des Padischah nicht allein gestattet, sondern sogar geboten ist. Ich kann diese gewissermaßen staatlich verordnete Unmoral ganz und gar nicht billigen. Die Beziehungen zwischen Wien und Istanbul würden sich wesentlich verbessern, wenn in diesem Punkte Abhilfe geschaffen werden könnte.« Der ebenso höfliche wie schlaue Orientale verneigte sich bis zur Erde und sprach: »Unsere Religion erlaubt es uns, mehrere Frauen gleichzeitig zu besitzen. Allein, dies ist aus einem ganz besonderen Grund verordnet worden. Wir sollen in den vielen Frauen alle jene guten Eigenschaften vorfinden, die in der Person Euerer Majestät vereint sind.«

Eine der Hofdamen der Monarchin führte eine nicht ganz einwandfreie Ehe. Maria Theresia war entrüstet. Sie setzte auf der Hofrangliste neben den Namen der Hocharistokratin eine nichts weniger als schmeichelhafte Bemerkung. Die Prinzessin stammte aus einer der ersten Familien des Landes. Sie verfügte damit über eine weitverzweigte und einflußreiche Verwandtschaft. Mit einem solchen Clan wollte oder konnte sich nicht einmal die Kaiserin anlegen. Unterschiedliche Würdenträger legten sich ins Mittel. Endlich war Maria Theresia bereit, nachzugeben. Der Tadel sollte auf der Rangliste gestrichen werden. Nur höchst ungern ließ sich die Landesmutter zu diesem Schritt überreden. Endlich war es soweit. Resigniert meinte die hohe Frau: »Also, meinetwegen, ich streich' die Geschichte weg. Aber ich will es so machen, daß man gleich merkt, daß hier radiert worden ist.«

Stets war Maria Theresia darauf bedacht, möglichst bedeutende Kräfte an die Wiener Hofoper zu engagieren. Ansonsten war sie eher der Sparsamkeit zugeneigt. Bei der Hofoper aber war sie bereit, bedeutende Summen aufzuwenden. Eine bekannte italienische Sängerin war nach Wien berufen worden. Sie verlangte nicht weniger als 5.000 Gulden monatlich. Dies war für die damalige Zeit eine geradezu astronomische Summe. Als die Kaiserin von der Forderung hörte, rief sie entsetzt aus: »Das ist ja ungeheuerlich. Soviel bekommen ja nicht einmal meine Feldmarschälle.« Die Primadonna aus Italien bemerkte spitz: »Dann würde ich Euer Majestät raten, einen Chor aus Generalfeldmarschällen zusammenstellen zu lassen.« Die Kaiserin ließ die vorlaute Bemerkung durchgehen und engagierte die Sängerin trotz der hohen Forderung.

Gelegentlich müssen Diplomaten von ihren Posten abberufen und in andere Länder versetzt werden. Man behauptet: Wenn ein Botschafter zu lange an ein und demselben Ort ist, würde er nicht mehr sein Land in der Fremde, sondern vielmehr die fremde Macht in seinem Land vertreten. Maria Theresia war diese These auch bekannt. Jedenfalls entsandte sie eines Tages einen neuen Ambassadeur an den Hof einer bedeutenden Macht. Zum Abschied bemerkte sie: »Die wichtigste Instruktion, die ich Ihnen auf den Weg mitgeben möchte, ist die folgende: Ich möchte, daß Sie, Exzellenz, in jeder Hinsicht das genaue Gegenteil von dem machen, was Ihr Vorgänger getan hat. Ich habe ihn eben seiner ungeschickten Haltung wegen abberufen.« Der geschmeidige Diplomat erwiderte: »Ich werde versuchen, so zu handeln, daß Euer Majestät nicht genötigt sein werden, meinem Nachfolger eine gleichlautende Weisung mit auf den Weg zu geben.«

Eine junge, attraktive Schauspielerin, die über ein weites Herz verfügen sollte, trat gelegentlich in einer Hosenrolle auf. Nach der Vorstellung meinte sie, auf ihren Erfolg überaus stolz: »Ich habe so reussiert wie noch nie. Das halbe Theater hat mich tatsächlich für einen Mann gehalten.« Die Bemerkung ist der Kaiserin hinterbracht worden. Sie war bei Theaterleuten in Sachen der Moral etwas weitherziger als sonst. Daher meinte sie nur: »Na, die soll sich nicht so aufspielen. Die andere Hälfte der Besucher weiß nämlich ganz positiv, daß die kein Mann ist.«

Ein Angehöriger der Arcieren-Leibgarde ertappte seine Gemahlin in den Armen eines seiner Kameraden. Wütend fuhr er den Liebhaber seiner Frau an: »Wenn ich Dich noch einmal hier erwische, dann schmeiß ich Deinen Helm zum Fenster hinaus.« Der Casanova dachte bei sich: »Das ist ja nicht so schlimm. Darauf will ich es gerne ankommen lassen.« Kurz danach kam der Gardist abermals ganz unerwartet nach Hause. Wen fand er im süßen tête à tête mit seiner Frau? Wieder den bewußten Kameraden. Jetzt ging dem betrogenen Ehemann die Sache über die Hutschnur. Er machte seine Drohung wahr. Sodann warf er sich der Kaiserin zu Füßen und bat um Gnade. Maria Theresia fragte: »Was hat Er denn angestellt?« »Ich habe den Helm meines Kameraden, den ich zum zweiten Mal bei meiner Frau vorfand, zum Fenster hinausgeworfen...« Die Monarchin überlegte ganz kurz und erwiderte: »Na, mein Gott, das ist ja am Ende kein solches Verbrechen. Ich billige Ihm meine Gnade zu.« Darauf bemerkte der Hahnrei kleinlaut: »Majestät, wenn ich noch eine Erklärung hinzufügen darf. Im Helm befand sich der Kopf meines Nebenbuhlers.« Diese Eröffnung verblüffte die Kaiserin nicht wenig. Dennoch meinte sie abschließend: »Da ich Ihm nun einmal Gnade zugesichert habe, soll es auch dabei bleiben.«

Ein Hofkavalier hatte eine Frau, die alle Vorzüge in sich vereinigte, die man von einer Ehefrau schlechthin erwarten darf. Sie ist von wundervoller Schönheit und von trefflicher Geburt gewesen. Dazu war sie unermeßlich reich. Dennoch wünschte der Edelmann hartnäckig, von seiner Frau getrennt zu leben. Maria Theresia kümmerte sich um alle Dinge der Ehe in ihrer näheren und ferneren Umgebung. Sie war ungemein überrascht, als sie von dem Wunsch des Kämmerers hörte. Keine Freundin von Umwegen, fragte sie den Grafen höchst direkt: »Warum wollen Sie mit Ihrer Frau nicht mehr zusammenleben? Sie ist doch geradezu das Muster aller guten Eigenschaften.« Daraufhin antwortete der Aristokrat: »Majestät, betrachten Sie doch einmal mein Schuhwerk. Sie werden sogleich erkennen, daß diese Fußbekleidung ausgezeichnet angefertigt ist. Allein, wo mich der Schuh drückt, das kann man von außen her nur schwer erkennen.«

Ständig wimmelte es am Hof von allen möglichen kleinen Erzherzoginnen und Prinzessinen sonstiger Art. Eine von diesen besaß eine kleine Katze und eine große Puppe. Maria Theresia wandte sich liebevoll an das Mädchen: »Sag einmal, was hast Du lieber, das Katzerl oder die Puppe?« Die Prinzessin überlegte kurz und antwortete prompt: »Weißt Du, Großmama, eigentlich habe ich die Katze am allerliebsten. Aber sag bitte, um Gottes Willen, nichts der Puppe davon.«

Der Großbotschafter des Schahs von Persien überreichte der Monarchin ein prachtvolles Diamanthalsband als Angebinde seines Herrn. Die Kaiserin besaß dergleichen Geschmeide bereits in ausreichendem Maße. Sie ließ sich also aus dem Kollier ein anderes Schmuckstück anfertigen. Um jeder Mißdeutung aus dem Wege zu gehen, zeigte sie dem persischen Diplomaten die neue Fassung und sagte: »Ich hoffe, der Schah in Schah wird über die Ohrringe, die ich mir aus dem Halsschmuck habe verfertigen lassen, nicht ungehalten sein.« Der Botschafter wußte, wie man solche Bemerkungen auf die beste Art beantwortet. Er sagte: »Mein Gebieter wird sich glücklich schätzen, daß Euer Majestät seiner bescheidenen Huldigung gütigst Ihr Ohr geliehen haben.«

Ursprünglich wollte die Kaiserin ihren ältesten Sohn Joseph mit einer neapolitanischen Prinzessin verheiraten. Sodann aber einigte man sich auf eine Tochter des Herzogs von Parma. Den Affront gegenüber Neapel erklärte die Monarchin mit den folgenden Worten: »Inzwischen brachten wir in zuverlässige Erfahrung, daß die Gesundheit und Leibesgestalt der ältesten neapolitanischen Prinzessin nicht so beschaffen sei, um mit ihr und unserem ältesten Sohne Liebden eine vergnügte Ehe zu stiften.«

Einige Zeit danach stand die Vermählung der Erzherzogin Josepha mit dem Kronprinzen von Neapel bevor. Folgende Instruktion erging an die Erzieherin der betreffenden Erzherzogin, eine bayerische Gräfin von Lerchenfeld: »Die Saubrigkeit ist genau zu beachten, sowohl im Waschen als Kampeln, das alle Tage geschehen soll.«
Bei einem ähnlichen Anlaß schreibt Maria Theresia über eine andere ihrer zahlreichen Töchter: »Ihr Gesicht ist nicht allzu einnehmend, aber auch ihr Gehaben ist es nicht. Sie wissen, wie sehr man die verstorbene Königin – eine geborene Prinzessin von Sachsen – haßte, weil sie nicht genügend leutselig war. Vor allem aber soll meine Tochter fleißig sein, denn Müßiggang ist für alle Menschen, jedoch am meisten für junge Eheleute Gift.«

Erzherzogin Charlotte konnte sich mit ihrer Erzieherin – einer Gräfin zu Brandis aus Südtirol – absolut nicht vertragen. Sie wollte die Hofdame ausgewechselt sehen. Die Kaiserin gab dem Wunsch nach. Sie machte ihrer Tochter jedoch ernst Vorhaltungen: »Gut also, ich will Dich nicht mehr als Kind behandeln, denn Du bist jetzt fünfzehn Jahre alt. Verhalte Dich aber auch danach und stelle den rüden Ton gegenüber Deinen Damen ab. Auch von Launen will ich nichts mehr hören. Daß Du welche hast, weiß ich von Freunden, denen das aufgefallen ist und die darüber bestürzt sind. Frauen müssen sanftmütig sein, sonst werden sie wenig geschätzt und noch weniger geliebt. Deine Stimme und Deine Art zu sprechen sind sehr unangenehm. Du mußt Dir also mehr Mühe geben als andere, um Dich zu ändern und Dich nicht soweit zu vergessen, daß Du die Stimme erhebst. Sei niemals müßig. Das ist gefährlich für alle Welt und noch mehr für Dich, deren Kopf beschäftigt werden muß, um zu verhindern, Kindereien und beleidigende Bemerkungen zu machen, bei Deinem maßlosen Wunsch, Dich wenig vernünftig zu unterhalten. Man muß nur wollen und sich ein wenig zusammennehmen, und Du wirst sehen, wie diese innere Freude süßer und bleibender ist, als alle lärmenden Vergnügen dieser Welt, die nur ermüden und schreckliche Leere zurücklassen. Zähle auf all meine Hilfe und Zärtlichkeit, die nur mit meinem Leben enden wird.«

Erzherzogin Josepha, die nach Neapel gehen sollte, war plötzlich verstorben. Ihr Bräutigam, König Ferdinand von Neapel, war gerade 17 Jahre alt geworden. Also richtete Maria Theresia an den Chef der Familie, den König von Spanien, einen Brief. Sie schrieb an den Hof in Madrid: »Ich billige Ihnen jetzt sofort jene meiner Töchter zu, die Ihnen am meisten passend erschiene.« So lautete der erste Entwurf der Epistel. Offensichtlich fand die Kaiserin das Schreiben allzu entgegenkommend. Sie änderte den Text ein wenig: »Ich beeile mich, Euer Majestät meine lebhafte Dankbarkeit auszudrücken, und da ich nicht weniger eifrig die Verbindung meines Hauses mit dem Eurer Majestät wünsche, billige ich Ihnen mit rechtem Vergnügen eine der mir verbliebenen Töchter zu, um den Verlust jener gut zu machen, die wir betrauern. Ich habe derzeit zwei, die passen könnten. Die eine ist die Erzherzogin Amalia, von der man findet, daß sie ein hübsches Gesicht hat und die ihrer Gesundheit nach eine zahlreiche Nachkommenschaft versprechen dürfte. Die andere ist die Erzherzogin Charlotte, die auch kerngesund und um ein Jahr und sieben Monate jünger als der König von Neapel ist. Ich überlasse es Euer Majestät, frei zu wählen und mir in der Antwort jene von den zweien zu bezeichnen, die Sie für Ihren Sohn für geeigneter halten.«

Zu »diesem Zwecke« geeigneter erschien der spanischen Majestät Erzherzogin Charlotte oder Marie Caroline, wie sie auch genannt wurde. Als es dann soweit war, unterwies Maria Theresia ihre Tochter, wie sie sich in der Fremde zu verhalten habe: »Die Ehe und ihre Süße ist das einzig wirkliche Glück in der Welt. Ich wünsche es Dir ebenso, wie ich es 29 Jahre hindurch genossen habe. Mische Dich nur insoweit in die Geschäfte, als es der König wünschen wird und Du glaubst, ihm nützlicher sein zu können als andere. Dies ist ein sehr heikler Punkt. Gib ihm alle Ehre vor der Welt und begnüge Dich mit seinem Herzen und seinem Vertrauen, die einzigen Güter, die ohne Preis sind. Aber wie es in jedem Reich Unzufriedene gibt und man tatsächlich sagt, es gebe deren in Neapel sehr viele, höre alle Welt, gib ihnen gute Worte und lasse sie hoffen, daß Du den König davon unterrichten wirst. Das einzige Mittel, um Frieden zu halten, ist, nur wenige oder gar keine Vertrauten zu haben, kein Geheimnis anzuhören und alle Intrigen von vorneherein abzuschneiden. Du wirst leicht an der Haltung des Königs und an seinen Manieren erkennen, daß man diesbezüglich seine Erziehung nicht allzu ernst genommen hat. Er ist förmlich stolz darauf, die platte neapolitanische Mundart zu sprechen, so daß ein Fremder Mühe hat, ihn zu verstehen. Er scheint aber eine gewisse Milde in seinem Charakter aufzuweisen und eine Seele zu besitzen, die dem Guten zugewandt ist. Du mußt Herz und Vertrauen Deines Gatten gewinnen. Man kann ganz gut in feiner Weise und in Zärtlichkeit den Schmerz ausdrücken, den einem gewisse Dinge bereiten, aber niemals dabei Vorwürfe, lange Erklärungen und noch weniger Streitereien anwenden. Du weißt, daß Frauen den Willen ihrer Gatten, ja selbst ihren Launen unterliegen müssen, soweit diese unschuldig sind. Die Welt muß glauben, daß Du nur nach dem Geschmack Deines Gatten denkst und handelst. Verlasse Deinen Mann so wenig wie möglich. Folge ihm daher überall, solange er Dich bei sich haben will. Du darfst ihm aber auch nicht zur Last fallen. Da Dein Mann nun einmal liebt zu scherzen und den Hanswurst zu spielen, lasse ihn dabei und tue selbst zu Anfang mit, aber doch immer mit etwas Zurückhaltung.«

Der mächtigste Mann im Königreich Neapel war zu der damaligen Zeit der leitende Minister, Marchese Tanucci. Um den Gewaltigen richtig zu behandeln, riet die Kaiserin zu folgender Taktik: »Da Du fast alle Welt zu bekämpfen haben wirst, mache ich Dich wiederholt aufmerksam, daß Du Dich nicht im Vornehinein gegen jemand einnehmen lassen sollst. Es ist das Los aller eifrigen Minister, ihren Nebenbuhlern und Neidern zur Zielscheibe zu dienen. Wenn wir sie nicht halten, wenn wir sie nicht gegen den Haß, die gemeinen Vorurteile, den Neid und die Eifersucht vor ihresgleichen schützen würden, wir fänden keinen mehr. Man muß also recht vorsichtig vorgehen, bevor man sich entschließt, sich gegen einen solchen Mann wie Tanucci zu stellen, der alles Vertrauen seines Monarchen besitzt. Ich will indes nicht damit sagen, daß Du Dich gänzlich der Führung Tanuccis überlassen sollst.«

Die meiste Sorge bereitete der Kaiserin, daß ihre Tochter in ein so gänzlich anderes Milieu versetzt werden sollte. Sie versuchte, der Erzherzogin die Unterschiede der beiden Völker vor Augen zu führen: »Die Italiener sind lebhafter und selbst geistreicher als unsere guten Deutschen, man muß also ihnen gegenüber sehr vorsichtig sein. Ich kenne an Dir viel Unvernunft. Das ist eine Folge Deines Alters und mangelnder Erfahrung. Du mußt also mehr als andere auf Deiner Hut sein. In Neapel hat man viel für Engländer übrig und hegt Vorurteile gegen die Franzosen. Hüte Dich auch, in dieses Horn zu blasen. Bleibe unparteiisch und preise das, was an den zwei Nationen lobenswert ist, die alle beide viel Gutes haben. Erzähle nicht zuviel von dem, was unser Land angeht, ziehe auch keine Vergleiche zwischen hier und dort. Jedes Land hat sein Gutes und sein Böses, so hat nun einmal die Vorsehung ihre Gaben verteilt.«

Maria Theresia hatte auch in der Politik den größten Respekt vor der Moral. Noch als junge Königin schrieb sie an den späteren Fürsten von Kaunitz-Rietberg: »Ein Fürst besitzt keine größere Berechtigung als jeder Privatmann.« Daher war sie mit der ersten Teilung Polens gar nicht einverstanden. Die Monarchin gab ihrer Einstellung zu dem Problem gegenüber ihrem Sohn, Joseph II., und gegenüber dem Staatskanzler Kaunitz drastischen Ausdruck: »Wenn ich schon längst tot sein werde, wird man erfahren, was aus dieser Verletzung von allem, was bisher heilig und gerecht war, hervorgehen wird.«

Das sechzehnte Kind der Kaiserin wurde auf den Namen Maximilian getauft. Der Erzherzog sollte nur 44 Jahre alt werden. Er residierte als Kurfürst und Erzbischof in Köln. Prinzessin Amalie von Neapel schilderte ihren Oheim so: »Er ist ein Ungeheuer an Dikke. Man bekommt förmlich Angst vor ihm und gleichzeitig tut er einem leid. Man stelle sich vor, er kann sich kaum bewegen. Dazu ißt er wie ein Wolf. Bei der Hoftafel schläft er immer ein und schnarcht.« Kein Wunder, daß der Kirchenfürst kein hohes Alter erreichte. Am 27. Juli 1801 besuchte Erzherzog Maximilian seine Schwester Elisabeth. Zum »Nachtisch« verzehrte er zwei Masthähne und einen großen Korb Obstes. »Plötzlich aber sank er vom Sessel und war tot, bevor er auch nur das Wort Jesus über die Lippen bringen konnte.«

Der Wiener Hof

Joseph II., Römischer Kaiser und König in Germanien, war der älteste Sohn der großen Kaiserin. Joseph war ungewöhnlich fortschrittlich. Er konnte nicht sein, ohne jeden zweiten Tag eine neue Reform zu erlassen. Meist mußten die Neuerungen noch von ihm oder spätestens von seinem Nachfolger und Bruder zurückgenommen werden, weil sie einfach zu wenig durchdacht waren. Der Kaiser sah die Welt so, wie sie seiner Meinung nach sein sollte, nicht aber, wie sie tatsächlich war. Als seine Schwester Marie Karoline zu Anfang ihrer Ehe keine Kinder bekam, führte sie diesen Mangel auf das Reiten zurück und stellte den Sport ein. Ihr kaiserlicher Bruder war mit diesem Entschluß sehr einverstanden. Er schrieb an die Königin von Neapel: »Denn außer der Gefahr, der sich die Frau dabei aussetzt, sieht eine solche zu Pferde doch immer aus wie ein Affe.«

Auf die inständige Bitte seiner Schwester, besuchte er diese in Neapel. Kurz nach seiner Ankunft empfing der Imperator den allmächtigen Staatsminister Marchese Tanucci. Joseph II. resumierte: »Er ist ein geistvoller Mensch, der viel weiß, aber ein abgefeimter Schulmeister voller Kniffe und Schliche. Ein auf sein Ansehen höchst eifersüchtiger Mann. Mit einem Wort: Der Minister spielt mit höchster Geschicklichkeit das Zünglein an der Waage zwischen den Königen von Spanien und Neapel.«

Seinen Schwager charakterisiert der Kaiser so: »Der König läuft mit einer Keule bewaffnet, wie sie unsere Hirten haben, hinter ein paar armen, eingeschlossenen Damhirschen und Wildschweinen her. Er schreit sehr viel und heißt die anderen laufen. Dazu macht er tausend Kindereien, die zu beschreiben unmöglich sind.«

Der König liebte des Kaisers Schwester. Diese aber konnte ihrem Mann kein tieferes Gefühl entgegenbringen. Joseph II. faßte seine Beobachtungen zusammen: »Ihre Überlegung läßt sie meinen, es sei eine Schande, Liebe für eine Persönlichkeit zu empfinden, die tatsächlich so wenig liebenswürdig ist. Sie hat zu viel Kopf, um nicht die Kindereien, ja ich wage es zu sagen, die Unanständigkeiten zu durchschauen, die der König jeden Augenblick tut. Die Sache unterhält sie aus Langeweile manchmal selbst. Ein andermal lacht sie wieder und sieht mitleidig zu. Ich glaube jedoch versichern zu können, daß diese Menage, was das eheliche Verhältnis betrifft, auf dem besten Wege ist.«

Über seine Schwester berichtet Joseph nach Wien: »Sie ist seit ihrer Abreise nicht viel gewachsen, aber etwas stärker geworden, was ihr gut steht. Sie vernachlässigt ein wenig ihre Zähne. Das habe ich ihr aber gleich ausgestellt. Marie Karoline besitzt eine schöne Büste, die sich sehr gut gestaltet hat und die der König sehr liebt, ja selbst anderen zeigen möchte, wogegen sich die Königin stark wehrt. Sie hat runde und schöne Arme. Sie verdirbt sich jedoch ihre sonst sehr schönen und weißen Hände durch die schlechte Gewohnheit, sich die Haut abzubeißen. Ich stellte ihr vor, wie lächerlich dies sei. Sie gab es zu, aber es ist eine schlechte Gewohnheit, die sie sich nur mühsam wird abgewöhnen können. Sie ist fromm, ohne Bigotterie. In ihren Gemächern herrscht Ordnung und Reinlichkeit. Es fehlt ihr auch der leiseste Anflug von Koketterie und Gefallsucht, obwohl sie stets umringt von jungen Leuten beständig Gelegenheit dazu hätte. Und das Gleiche zeigt sich auch in ihrer Kleidung, die sehr einfach ist und bei der ich nicht das mindeste Streben nach Ziererei bemerken kann.«

Den königlichen Schwager sieht der Kaiser so: »Er ist ausgesprochen häßlich mit seinem breiten Maul und der besonders wulstigen Unterlippe. Die niedere Stirn, die kleinen Schweinsäuglein stören mich auch, ebenso wie der enorm lange Hals. Wenn der König von der Jagd nach Hause kommt und aus seiner Tasche fünf armselige Haustauben zieht, die seine einzige Beute waren, bietet er ein mehr komisches als würdiges Bild. Was die Grundsätze seines Glaubens betrifft, habe ich alle Ursache zu zweifeln, daß er auch nur die Zehn Gebote kennt. Wohl aber ist er davon unterrichtet, daß die Teufel schwarz und die Engel weiß seien und daß der Heilige Januarius ein gewaltiger Schutzpatron ist. Außerdem glaubt er an Geister und an ihr Wiedererscheinen auf der Erde.«

Die Abende sind am neapolitanischen Hof auf folgende Art verbracht worden: »Fünf oder sechs Damen des Hofes, meine Schwester, der König und ich taten bei den Spielen mit. Es begann mit ›Blinde Kuh‹, dann folgte ›Toilette‹ und das Pfeiferlspiel. Um mich besonders liebenswürdig zu erweisen, lehrte ich den Neapolitanern unser ›Schauts in die Suppen‹. Dabei verabreichte der König Fauststöße und an alle Damen ohne Unterschied kleine Klapse auf die rückwärtigen Teile. Das Spiel führte zu einem fortwährenden Kampf. Die Hofdamen waren daran schon gewöhnt. Sie warfen sich zu Boden und wälzten sich dort herum. Darüber brach der Monarch jeweils in kreischendes Gelächter aus. Da er fast nie spricht, ohne zu schreien, und dazu eine außerordentlich hohe, fast eine Falsettstimme hat, tut es den Ohren weh. Man kann ihn unter 1.000 Personen unterscheiden.«

Der König führte seinem Schwager gelegentlich ein von ihm selbst aufgestelltes Bataillon vor. Der Imperator berichtet: »Ich würde niemals zu einem Ende kommen, wenn ich all die armseligen Dummheiten beschreiben müßte, die sich bei diesem Exerzieren zeigten. Dreißig Kavaliere, unter ihnen Leute von vierzig Jahren, geben sich dazu her, diese Komödie zu spielen und täglich Faustschläge, Fußstöße und

Stockhiebe des Königs einzustecken. Das Bataillon ist wirklich das Sammelbecken aller unglücklichen Spitzbuben und Hanswurste, die den Fürsten umgeben.«

Als Kaiser Joseph II. nach längerem Aufenthalt die Hauptstadt des Königreichs Neapel verließ, verabschiedete sich der Schwager-Monarch Ferdinand mit den erstaunlichen Worten: »Addio, pazzo brocone – Mit Gott, Du toller Schurke!«

Einige Mitglieder des neapolitanischen Hofstaates verbreiteten über Königin Marie Karoline üble Gerüchte. Der Kaiser schrieb ihr daraufhin einen eindringlichen Brief: »Der heftige, aufgeregte Zustand, in dem ich Dich sehe, läßt mich für Deine Gesundheit, ja auch für Deinen Kopf alles fürchten. Um Gottes und Deiner ganzen Familie wegen, mäßige doch diese Lebhaftigkeit, dieses ganz zwecklose Räsonieren, wenn Du nicht wahnsinnig – ja, wahnsinnig – werden willst. Denn das wird man, wenn man sich gehen läßt und die Dinge nicht mit mehr Vernunft leitet. Du hast gerade einen Eclat gemacht und weswegen? Daß in der Öffentlichkeit über Deine Ehre und Deine Beziehungen zu Acton – Baron Acton, ein Brite, ist der damals leitende Minister des Königreiches gewesen – verbreitete Geschwätz mußtest Du, guten Gewissens, wie Du tatsächlich bist, verachten. Dadurch würdest Du alldem eine viel größere Unwahrscheinlichkeit verleihen, als wenn Du darüber so in Wut gerätst, wie Du es tatest. Die verdammte viele Schreiberei, die starken Ausdrücke, deren Du Dich bedienst, die vertrauten Mitteilungen, die Du so vielen Menschen, selbst Fremden gegenüber machst, wenn Du alles das nicht gründlich verbesserst, *mußt* Du Dich in ständige Verlegenheiten und Unannehmlichkeiten stürzen.«

Joseph II. traf sich mit dem von ihm über alles verehrten König Friedrich II. dem Großen von Preußen. Im kaiserlichen Gefolge befand sich auch der Livländer, General Ernst Gideon von Laudon. Der Feldherr ist dem preußischen Monarchen vis à vis placiert worden. Der alte Fritz sah dies und meinte spontan: »Kommen Sie an meine Seite, mein lieber Laudon. Ich habe Sie viel lieber neben mir als gegenüber.«

Seinen fortschrittlichen Vorstellungen entsprechend, hatte Kaiser Joseph II. mit dem Beinamen der Deutsche, kurz nach seinem Regierungsantritt, den Burggarten in Wien — der bisher nur der kaiserlichen Familie und dem Hofadel zugänglich gewesen war — für die Allgemeinheit geöffnet. Nach kurzem erschien eine ebenso zahlenstarke wie aufgeregte Deputation der Aristokratie bei dem Monarchen. Die Herren versuchten den Kaiser zu bewegen, die eben gemachte Zusage wieder rückgängig zu machen. Auf die Frage Josephs, warum denn dies eigentlich geschehen sollte, antworteten die Magnaten uni sono: »Aber bitte, Majestät, man will doch gelegentlich unter seinesgleichen bleiben.« Darauf erwiderte der Kaiser sarkastisch: »Meine Herren, wenn ich immer unter meinesgleichen bleiben wollte, dürfte ich ausschließlich in der Kapuzinergruft promenieren.«

Auf Joseph II. folgte dessen Bruder Leopold II., der bis zu dem Zeitpunkt der Nachfolge Großherzog von Toskana gewesen war und daher in Florenz residiert hatte. Der begabte Herrscher starb jedoch bereits zwei Jahre nachdem er den Thron bestiegen hatte. Ihm folgte sein ältester Sohn, der als letzter Römischer Kaiser, Franz II., und als erster Kaiser vom Hause Österreich Franz I. genannt wird. Er war keineswcgs ein Genie. Aber er hatte einen vortrefflichen Hausverstand. Er zählte sich selbst keineswegs zu den bedeutenden Fürsten seines Geschlechtes. Einmal meinte er sinnend: »Kaiser, das ist ein großes Wort. Aber ein guter Hofrat wär ich schon geworden.«

Kaiser Franz wäre einmal gerne mit einer seiner zahlreichen Gemahlinnen – er hatte insgesamt vier von der Sorte – in den Prater gefahren. Die Kaiserin hatte jedoch keinerlei Lust zu einer Spazierfahrt. Sie meinte deutlich abwinkend: »Weißt Du, Franzl, eigentlich ist es saukalt und zum Anziehen hab ich auch nix Rechtes.« Der phlegmatische Monarch erwiderte ungerührt: »Na, macht auch nix, dann bleib ma halt zu Haus.« Gleichzeitig erteilte er einem Flügeladjutanten mit leiser Stimme einen Befehl. Nach einer Weile geleitete der Kaiser seine Frau in ihre Gemächer zurück. In einer langen Galerie sah die Kaiserin zu ihrem nicht geringen Erstaunen auf Tischen,

Bänken und Stühlen etwa zweihundert Kleider ausgebreitet. Maria Theresia – eine geborene Prinzessin beider Sizilien – rief ganz entrüstet aus: »Ja, was soll denn das jetzt heißen?« Franz II. fragte ganz harmlos: »Sind das vielleicht Deine Anziehsachen?« »Ja, natürlich«, war die Antwort. Da schmunzelte der Monarch und meinte ironisch: »Schau einmal so was an, und ich hab gedacht, Du hättest gar nix zum Anziehen.«

Die Frau eines ungarischen Magnaten galt als besonders entzückendes Wesen. Sie begeisterte in den Tagen des »Wiener Kongresses« alle anwesenden Monarchen. Zur Unterhaltung der Gäste ist ein beliebtes Gesellschaftsspiel insceniert worden. Es handelte sich darum, Gegensätze und Ähnlichkeiten möglichst unterschiedlicher Gegenstände oder Personen herauszufinden. Die madjarische Gräfin fragte also Kaiser Franz: »Welchen Unterschied finden Sie, Majestät, zwischen mir und einer Uhr?« Der sonst eher etwas trockene Imperator antwortete spontan: »Das ist ganz einfach, verehrte Gräfin. Die Uhr zeigt auf die Stunden hin. In Ihrer Gegenwart aber vergißt man dieselben.«

Die Botschafterin der Allerkatholischsten Majestät von Spanien hatte einen Roman eines deutschen Schriftstellers gelesen, der zu der damaligen Zeit zu den »Bestsellern« gehörte. Unter anderem ist ein endloses Zwiegespräch zwischen einem Herrn und seiner Angebeteten in epischer Breite geschildert. Der Kaiser fragte die Spanierin: »Wie hat Ihnen denn dieser Roman gefallen?« Die Botschafterin erwiderte temperamentvoll: »Wie haben die beiden ihre Zeit schlecht genutzt! Sie waren zusammen und sie waren allein! Was aber tun sie? Sie reden und reden und reden! Mein literarisches Urteil lautet: Er, Sie und vor allem der Verfasser sind Idioten.«

Im Verlaufe der Franzosenkriege, die den Kontinent fast ein Vierteljahrhundert erschütterten, kam es wieder einmal zu einer Schlacht. Der Kaiser ließ es sich nicht nehmen, der »feindlichen Begebenheit« persönlich beizuwohnen. Nach einiger Zeit fragte er: »Wer kommandiert denn den linken Flügel?« Diensteifrig bemerkte der Generaladjutant Freiherr von Kutschera: »Über den linken Flügel unserer Armee führen General der Cavallerie Fürst von Orsini und Rosenberg das Kommando.« »Aha«, meinte der Kaiser ungerührt, »dann wird der Gegner wohl an unserem linken Flügel durchbrechen.«

Erzherzog Karl — der spätere Sieger von Aspern — hatte als kleiner Bub einen geistlichen Herrn zum Lehrer. Als das Alte Testament durchgenommen wurde, kam der Prinzenerzieher auch an jene Stelle, an der es heißt, König Salomo hätte über 300 Frauen und über 700 Konkubinen verfügt. Der kleine Erzherzog lauschte dem Vortrag mit größer Spannung. Plötzlich aber fragte er ganz aufgeregt: »Hochwürden, was sind denn das eigentlich, Konkubinen?« Der Prälat kam durch diese Frage in nicht geringe Verlegenheit. Zuerst schwieg er eine ganze Weile. Sodann nahm er alle Kraft zusammen und bemerkte so nebenbei: »Wissens, Kaiserliche Hoheit, so sind damals die Hofdamen genannt worden.« Der Lehrer glaubte, sich geschickt aus der Affäre gezogen zu haben. Karl gab sich mit der Erklärung durchaus zufrieden. Des gleichen Abends fand bei der Kaiserin ein großer Damenempfang statt. Der kleine Erzherzog war – wenigstens für kurze Zeit – zugelassen. Karl begutachtete die Hofdamen aufmerksam und krähte dann mit aller Entschiedenheit: »Ich weiß ganz genau, was ihr eigentlich seids.« Auf die etwas verblüffte Anfrage, was denn mit dem Ausspruch eigentlich gemeint sein könnte, erwiderte Erzherzog Karl ganz genau nach den Erklärungen seines geistlichen Erziehers: »Ihr seids alle zusammen die Konkubinen vom Papa.«

Mittlerweise war der Erzherzog herangewachsen. Er hatte den Kaiser der Franzosen erstmals in offener Feldschlacht besiegt. Die Legende berichtete, daß eben in der Schlacht bei Aspern die Sache des kaiserlichen Heeres schon sehr schlecht gestanden habe, da wäre Erzherzog Karl, der Oberkommandierende in eigener Person, herbeigeeilt, hätte sich an die Spitze eines Regimentes gesetzt, die Fahne ergriffen und dadurch die ganze Einheit zu neuen Taten angespornt. Auf diese Weise sei die bereits beinahe verlorene Schlacht in einen glorreichen Sieg der kaiserlichen Waffen verwandelt worden. Als einmal ein General auf diese Überlieferung zu sprechen kam, fragte er den eben anwesenden Prinzen, ob sich die Ereignisse tatsächlich so abgespielt hätten. Der Erzherzog antwortete trocken: »Aber schauns mich doch an. Ich bin ein so kleines und schwaches Mandl. Die schwere Fahn hätt ich doch keine zehn Schritt tragen können.«

Ein Sohn des ersten Kaisers von Österreich ist Ferdinand I. gewesen. Er regierte immerhin von 1835 bis 1848. Die Begabung der Majestät hielt sich in Grenzen. Die Hofgesellschaft nannte den Monarchen »Ferdinand den Gütigen«. Das Volk in den Wiener Vorstädten drückte sich drastischer aus. Die Leute sagten ganz einfach: »Unser Nandl is a Tepp«. Zu allem Überfluß litt der Monarch auch noch an epileptischen Anfällen. Wie auch immer, Staatskanzler Fürst von Metternich — der allmächtige Rheinländer an den Ufern der Donau — war der Ansicht, um der Legitimität Willen dürfe man des alten Kaisers erstgeborenen Sohn nicht von der Thronfolge ausschließen. Seine — des Staatskanzlers — Arbeit ist durch diesen Umstand möglicherweise nicht unwesentlich erleichtert worden.

Seines Leidens wegen machte der Imperator wenig oder gar keine Bewegung. Eines Tages aber äußerte er den dezidierten Wunsch, auf die Jagd gehen zu wollen. Außerdem erklärte der Kaiser mit ungewohnter Bestimmtheit, er wolle um jeden Preis einen Adler erlegen. Sogleich ist der Hofjagdleiter von dem Begehren der Majestät unterrichtet worden. Der Betreffende war anfangs etwas skeptisch. Er meinte resigniert: »Aber bitt schön, der Kaiser kann doch gar nicht schießen. Wie soll denn da eine Adlerjagd veranstaltet werden?« Obersthofmeister Graf Mazzuchelli schnitt dem Forstbeflissenen brüsk das Wort ab: »Wie Sie das machen, ist allein Ihre Angelegenheit. Bin ich k.k. Hofjagdleiter oder sind Sie das?« Der in diesem Falle »Zuständige« mußte sich also an die Aufgabe heranmachen. Er beriet sich mit einem alten und überaus erfahrenen Oberförster. Dieser wußte auch sogleich einen Ausweg. In einem bestimmten Revier befinde sich ein uralter, zahmer und halbblinder Adler. Dieses Tier müsse man nur auf einen niederen Ast placieren. Sodann müsse man den Kaiser ganz nahe heranführen und zum Schuß kommen lassen. Hinter dem Monarchen habe sich ein bekannt guter Schütze aufzubauen. Gleichzeitig mit der Majestät hat der Mann zu schießen. Auf die Art könne eigentlich gar nichts passieren. Gesagt, getan! Der Kaiser wurde verständigt, es sei dem nimmermüden Jagdpersonal gelungen, einen kapitalen Adler aufzutun. Seine Majestät möge nur den Zeitpunkt des Abschusses bestimmen. Ferdinand I. wollte möglichst rasch auf die Pirsch gehen. Er bezeichnete also den folgenden Tag als den erwünschten Termin. Die Jagdgesellschaft zog los! Nach verhältnismäßig kurzem Aufstieg wurde dem Kaiser berichtet, man nähere sich dem Adler. Nichts konnte den allerhöchsten Herrn mehr halten. Ein Stand wurde ihm angewiesen, und das »Wild« ist gezeigt worden. Der alte, fast blinde Vogel, saß ganz ungerührt auf dem niederen Ast einer Zirbe. Ferdinand der Gütige hob die Büchse, zielte und feuerte. Wie vorgesehen, tat hinter ihm ein bewährter Forstadjunkt desgleichen. Völlig programmgemäß stürzte der Adler. Nach kurzem ist die Beute dem glückstrahlenden Imperator vorgewiesen worden. Lange und forschend betrachtete Kaiser Ferdinand das Tier. Dann meinte er mißbilligend: »Das soll ein Adler sein? Der hat ja nicht einmal zwei Köpf.«

Im Frühling des Jahres 1848 kam es in ganz Europa zu Revolutionen. Auch die Walzer- und Donaustadt Wien, die Metropole des Kaisertums Österreich, wand sich in revolutionären Krämpfen. Wilde Volkshaufen zogen durch die Innenstadt. Sie verlangten eine Verfassung, den Sturz des Fürsten von Metternich und überhaupt den Beginn einer »neuen« Zeit, die natürlich wesentlich besser für alle Beteiligten sein werde, als die alte. Jedermann erwartete sich alles von einem radikalen Umschwung. Die Schüler hofften mit Bestimmtheit, daß die lateinischen Verben abgeschafft würden, die Postbeamten waren überzeugt, befördert zu werden, die schlechten Dichter sind überzeugt gewesen, nun würden sie gedruckt, die älteren Mädchen meinten zuversichtlich, sie würden umgehend geheiratet werden. Die Dummköpfe — und deren gibt es zu allen Zeiten eine ganze Anzahl — waren enttäuscht, so wie sie immer enttäuscht sein werden. Das Getöse der freudig erregten Wiener drang zuletzt bis in die Abgeschlossenheit der Hofburg. Kaiser Ferdinand wandte sich an ein Mitglied seines Hofstaates. »Ich bitt Sie, sagens einmal, was ist denn da eigentlich los?« Der diensttuende Kämmerer antwortete auf diese direkte Frage ebenso direkt: »Majestät, die Wiener machen Revolution!« Der Kaiser überlegte eine Weile ernsthaft und sprach sodann: »Revolution haben Sie gesagt? Ja, derfens denn des überhaupt?«

Die inneren Unruhen in Wien und Prag waren niedergeschlagen worden. Der äußere Kampf mit dem Königreich Sardinien dauerte noch an. Die aristokratisch-nationale Erhebung im Königreich der Stephanskrone gewann mehr und mehr an Boden. Kaiser Ferdinand war anfangs nach Innsbruck, sodann in die mährische Bischofsstadt Olmütz ausgewichen. Fürst Felix zu Schwarzenberg – der letzte Staatsmann auf dem Ballhausplatz – war der Meinung, man könne der Lage viel leichter Herr werden, wenn ein junger, in jeder Hinsicht unverbrauchter Monarch an der Spitze des Staates stehe. Dem Thron am nächsten stand des augenblicklichen Kaisers Bruder, Erzherzog Franz Karl. Dessen ebenso intelligente wie tatkräftige Frau – eine geborene Prinzessin von Bayern – machte es dem Franzl jedoch sogleich klar, daß nicht er selbst, sondern einzig beider ältester Sohn – Erzherzog Franz Joseph – der rechte Jüngling am rechten Platz sei. Der Imperator selbst war eigentlich heilfroh, daß er der ganzen »Kaiserei« in absehbarer Zeit ledig sein könnte. Anfang Dezember 1848 war es dann soweit. Im erzbischöflichen Palais zu Olmütz legte Ferdinand der Gütige die Krone des Kaisertums Österreich zugunsten seines eben achtzehnjährigen Neffen Franz Joseph nieder. Der Jüngling stand an den Stufen des Thrones. Er bedankte sich in verständlicher Erregung bei seinem Oheim. Ferdinand I. aber blickte voll Rührung und voll des Wohlwollens auf seinen Nachfolger. »Aber lieber Franzi, was nit gar, bedanken auch noch. Es is ja gern gschehn. Und eins noch – brav bleiben wie bisher.«

Mehrere Jahrzehnte lebte der abgedankte Kaiser mit seiner Frau, einer geborenen Prinzessin von Savoyen, auf dem Hradschin in Prag. Meist beschäftigte er sich mit Gartenarbeit. Gelegentlich zeichnete er aber auch oder bastelte herum. Einmal aber packte ihn die Neugier, was sich denn politisch in den vergangenen Jahrzehnten ereignet haben mochte. Er befragte also einen der Herren seines Hofstaates: »Wie stehts denn mit Österreich in der Politik?« Der Höfling mußte, wenn vielleicht auch nicht gerne, der Wahrheit entsprechend antworten: »Im Norden ist ein starkes Deutsches Reich aufgerichtet worden. Der Deutsche Bund ist nicht nur aufgelöst, sondern Österreich mußte ihn vorzeitig verlassen.« »Aha«, brummte der Ex-Kaiser, »und was gibts sonst noch Neues?« Der Obersthofmeister druckste herum: »Im Süden ist ein Königreich Italien entstanden. Auch von der Apenninenhalbinsel mußten wir uns völlig zurückziehen.« Daraufhin beendete der Kaiser das Gespräch mit der trockenen Bemerkung: »Ah, so ist das. Warum hab ich eigentlich abgedankt. So blöd hätt ichs doch auch leicht machen können.«

Der neue Imperator hieß Franz Joseph I. Von seiner Geburt berichtet seine Mutter, Erzherzogin Sophie, eine der zahlreichen Töchter des ersten Königs von Bayern: »Es ist ein hübscher Anblick, diesen reizenden jungen Mann zu sehen, wenn er meinen lieben Franzi hält.« Der reizende junge Mann ist der Herzog von Reichstadt gewesen, der Sohn Napoleons und der Habsburgerin Marie Luise. Böse Zungen bei Hofe flüsterten, das Interesse der Erzherzogin an dem jungen Reichstadt gehe über jenes rein gesellschaftlicher Art hinaus.

An seinem dritten Geburtstag erklärte der kleine Erzherzog, auf sich zeigend: »Der Soldat denkt!« Auf die Frage, woran er denn denke, erwiderte das Knäblein: »An den lieben Gott.« Die Erzieherin unterstützte solche Art von Gedankenarbeit auf das Nachdrücklichste. Unaufgefordert setzte Franz Joseph fort: »Ich denke auch an die Toten.« Die erstaunte Gegenfrage: »Ja, gibt es denn überhaupt Verstorbene, an die Sie sich erinnern können?«, beantwortete der zukünftige Imperator entschieden: »O ja, der gute Reichstadt.«

Der nächstjüngere Bruder des Erzherzogs war gut ein und ein halbes Jahr alt. Er befolgte die Anordnungen seines älteren Bruders mit größter Akuratesse. Zuweilen erfaßte ihn eine tiefe Ehrfurcht vor dem Thronerben. In solchen Augenblicken der Bewunderung streckte der Ältere würdevoll die Hand aus und sagte im Tone liebevoller Herablassung: »Mein guter Max«.

Der »gute Max« ging tatsächlich hin und küßte dem »hohen Herrn« die Hand.

Erzherzogin Sophie stand mit ihrer Mutter – der Königin von Bayern – in einem sehr regen Briefwechsel. Im Winter 1833 schrieb sie von Wien nach München: »Du hast keine Idee von Franzis Galanterie für eine kleine Cousine. Gestern brachte er ihr sehr höflich einen winzigen, für sie geeigneten Stuhl, war höchst ernsthaft beschäftigt, ihr nach und nach eine ganze Menagerie von Tieren zu bringen und sie jedesmal zu befragen, welches sie wohl am liebsten haben würde. Ihr Herz hing aber mehr an einem Nußknacker, den Franzi kurz zuvor erhalten hatte und recht ungern aus der Hand gab. Da kam es zu einem heftigen inneren Kampf, bis er sich endlich doch von dem geliebten Nußknacker trennte.«

Gelegentlich unternahm das erzherzogliche Paar Spaziergänge, so wie dies normale Menschen auch zu tun pflegen. Stets nahmen sie ihren Ältesten auf derartige Exkursionen mit, »weil er so höflich und manierlich ist, daß er nicht aufhört, seinen Hut zu lüften«.

Kurz nach Max erschien ein weiterer Bruder Karl. Franz ist ganz erfüllt von seiner Stellung als Senior. Plötzlich hatte er einen ganz sonderbaren Einfall. Er meinte, er müsse nun den Dienst bei dem Baby übernehmen. So lief er zur Kindsfrau Leopoldine Huber und sagte ihr: »Leopoldine, gehen Sie weg, ich will ihn jetzt besorgen«. Das Kindermädchen tat so, als verließe sie allen Ernstes das Zimmer. Daraufhin wandte sich Franzi an seine Mutter und meinte ganz wichtig: »Die Leopoldin ist weg, jetzt wird ihm ein Mann besorgen.«

Sophie war schon wieder hoffnungsvoller Erwartung. Sie bemerkte: »Der Kaiser und Franz Karl wünschen sich allerdings noch einen Buben. Ich weiß nicht, was sie mit so viel Buben machen wollen. Es wäre jedoch so schön, wenn ich einmal ein Töchterchen bekommen würde.« Als die Erzherzogin ihrem ältesten Sohn mitteilte, daß er eben eine kleine Cousine in München bekommen habe, antwortete Franz ganz ruhig: »Vielleicht krieg ich auch ein Schwesterchen.« Sophie war ganz erbost, weil der Knabe diesen Ausspruch so tat, »als ob das mich, seine Mutter, gar nichts anginge und es ist doch an mir, die allerhärteste Arbeit zu leisten, um ihm eine zu verschaffen.«

Auch dieses Mal wurde die Hoffnung enttäuscht. Es kam weder ein Mädchen noch ein Knabe, sondern eine Fehlgeburt. Sophie litt an allen möglichen Beschwerden. Vor allem klagte sie ständig über Kopfschmerzen. Als vor der Hofburg der Ruf »Gewehr heraus« ertönte und der Tambour aufs Kalbfell einschlug, war Franzi ganz entrüstet. Er rief: »Das ist aber ungeschickt, daß die Wache heute trommelt, wo die Mama doch Kopfweh hat.«

Franz saß an seinem Spieltisch. Er hatte Regimenter um Regimenter seiner Zinnsoldaten aufmarschieren lassen. Die Mutter trat herzu und sagte, sie habe eben an die Großmama nach München geschrieben. Daraufhin fragte der Kleine: »Auch an den Großpapa?« Die Erzherzogin erwiderte etwas kurz angebunden: »Du weißt doch ganz genau, daß der Großpapa seit vielen, vielen Jahren tot ist.« Der Knabe war anfangs ganz konsterniert: »Ja, kann man denn an Tote nicht schreiben?« Dann aber hellte sich seine Miene zusehends auf: »Vielleicht gehts so. Wir schicken den Beichtvater zu einem Engel, und der bringt den Brief dann dem bayerischen Großpapa.«

Die Geschichte mit dem Aufdieweltkommen der Kinder geht Franzi nicht aus dem Kopf. Alles, was ihm auf seine Fragen angedeutet wird, ist offensichtlich nicht befriedigend. Er kommt stets wieder auf dieses Problem zurück. Einmal bemerkt Erzherzogin Sophie: »Alle meine Söhne sind in Schönbrunn geboren worden.« Hurtig fragt Franz: »Ja, wie kommen denn die Kinder eigentlich auf die Welt? Nicht wahr, sie kommen aus dem Bett?« Sophie will sich irgendwie aus der Affäre ziehen und bemerkt etwas vage: »Aber nein, die schickt doch der liebe Gott«. Franz läßt nicht locker: »Aber wie schickt er sie denn, der liebe Gott? Durch einen Jünger oder einen Engel vielleicht?« Der Erzherzogin bleibt — ihrer Meinung jedenfalls nach — nichts anderes übrig, als so rasch wie möglich unter irgendeinem Vorwand die Flucht zu ergreifen.

Die kaiserliche Prinzessin erwartete von neuem ein Kind. In ihrer herzerfrischend burschikosen Art berichtet sie ihrer Mutter nach München: »So, jetzt bin ich zum neunten Mal schwanger. Nun, innerhalb eines Dezeniums habe ich die Zeit jedenfalls nicht ungenutzt verstreichen lassen.«

Der Königin in Bayern vertraut sie aber auch an: »Sehr attraktiv oder sonstwie einnehmend ist mein Mann ja nicht. Aber ich habe mich ihm nie verweigert. Wenn der kleine Herr mit dem Bogen aber nicht bei der Sache ist, ist die Geschichte schon recht anstrengend.«

Kaiser Ferdinand der Gütige wurde von seiner alten Krankheit – der Hinfallenden, wie die Wiener sagten – neuerdings wieder stark geplagt. Dadurch ist die Möglichkeit eines vorzeitigen Thronwechsels durchaus in den Bereich der Überlegungen gerückt. Sophie nimmt alle Dinge noch schwerer als sie ohnehin schon sind. Sie ist schon wieder in der Erwartung kommender Dinge. Dieses Mal hätte sie endlich gerne eine Tochter. Der Leibarzt macht ihr alle möglichen Hoffnungen. Die Hebamme jedoch erklärt resolut: »Aber was, klar wirds wieder ein Bub.« Sie hatte recht. Der alte Kaiser Franz hatte noch kurz vor seinem Tode gesagt: »Wenn wir noch einen Buben kriegen, so ist der Postviererzug voll.«

Nun saß der gütige Ferdinand auf dem Thron. Sophie schreibt ihrer Mutter: »Oft glaube ich mich eher in einer gut organisierten Republik als in einer Monarchie, denn wie kann ich mich an die Idee gewöhnen, daß unser armer, kleiner Kaiser wirklich mein Gebieter sein könnte. Und ich besonders, die ich zeitlebens daran gewöhnt war, in meinem Souverän nur eine der Bewunderung und Ergebenheit, ja der Begeisterung würdige Gestalt zu sehen, die es verdient, von ihren Völkern angebetet zu werden, so wie mein geliebter Vater und der verstorbene Kaiser es waren. Gott sei Dank hilft die Güte und Einfachheit des jetzigen Monarchen über vieles hinweg. Die Regierung geht ihren ruhigen und sicheren Gang wie früher, denn Metternich führt sie weiter.«

Neuerdings befaßte sich der junge Erzherzog Franz mit »theologischen« Fragen. Er kann und kann nicht verstehen, daß Jesus nicht ein von Gottvater gänzlich verschiedener Gott ist. Seine Mutter versucht ihm das Problem zu erklären. Zuletzt aber meint sie abschließend: »Das kann niemand verstehen. Das muß man eben glauben.« Darauf Franz Joseph: »Aber die Geistlichen, die begreifen es doch?« »Nein, auch die nicht.« Der Knabe gibt jedoch nicht auf: »Aber die Heiligen werden es doch begreifen.« Sophie ist bereits ganz verzweifelt. Darauf meint Franz altklug: »Da hat Christus ja zu sich selber beten müssen, wie er auf Erden war, weil er doch Gott ist, nicht wahr?«

Bei der Weihnachtsfeier hat Franz unterschiedliche Geschenke von seinen zahlreichen Verwandten erhalten. Er blickte aber allein auf die in reicher Zahl vorhandenen Zinnsoldaten und bemerkte: »Das, was Militär ist, ist mir am liebsten.«

Mit fünf Jahren wurden, der Überlieferung nach, die Erzherzoge weiblichen Händen entzogen. Sie sind unter einen Ajo – spanisch Erzieher – gestellt worden. Staatskanzler Fürst von Metternich wollte sich im erzherzoglichen Haushalt Einfluß und auch Einblick sichern. Er bestimmte daher die Person des Erziehers. Seine Wahl fiel auf den Grafen Heinrich Bombelles. Dessen Vater war zuerst General, sodann jedoch Gesandter des Königs von Frankreich gewesen. Nach dem Ausbruch der Revolution – 1789 – quittierte er den Dienst und wandte sich in des Kaisers deutsche Erblande. Der Sohn dieses Emigranten war die ideale Figur für Metternichs Schachspiel. Die Familie Bombelles war gänzlich auf seine – des Staatskanzlers – Gnade angewiesen. Die eben erst »zugraßten« Franzosen hatten keinerlei Stellung und keinerlei einflußreiche Verwandtschaft in des Kaisers Herrschaftsgebieten. Es stand somit zu erwarten, daß Graf Bombelles alle, aber auch alle Aufträge seines hohen Gönners Metternich buchstabengetreu ausführen würde. Sollte er aber einmal nicht »spuren«, dann konnte ihn der Kanzler, ohne irgendwelche unliebsamen Reaktionen befürchten zu müssen, von einem Tag zum anderen »abservieren«. Bombelles zeigte sich seiner Aufgabe in jeder Hinsicht gewachsen. Er wußte, was für ihn und seine Familie auf dem Spiele stand. Daher funktionierte er tadelsfrei. Auf den Namen Bombelles anspielend, sagte man in Wien von der imigrierten Familie: »Die Männer sind nicht gut und die Frauen nicht schön.« Der Vater des vom Metternich protegierten Prinzenerziehers war nicht allein General und Gesandter, sondern – nachdem seine Frau verstorben war – auch noch Bischof geworden. Als er bei einem großen Empfang mit zweien seiner Söhne erschien, war dies dem Zeremonienmeister peinlich. Er konnte schlecht melden: »Der Bischof von da und da mit seinen beiden Söhnen.« Der gewandte Hofmann zog sich mit folgender Formulierung aus der Affäre: »Der Bischof, Graf Bombelles, mit den Neffen seines Bruders.«

Noch nicht sechsjährig, setzte Franz Joseph seine Mutter im Beisein zahlreicher Gäste in nicht geringe Verlegenheit. Er ging auf sie zu und fragte, ernsthaftes Interesse bekundend: »Mama, hast Du, bevor Du verheiratet warst, schon Kinder gehabt?« Sophie stammelte ein verlegenes »Nein«. Darauf bohrte der Knabe, den die Problematik des Unternehmens offensichtlich nicht mehr los ließ, weiter: »Wie haben Sie es denn dann angefangen, um Kinder zu bekommen?« Die Erzherzogin blieb stumm. Da baute der Junge ihr selbst unwissentlich eine goldene Brücke: »Wahrscheinlich haben Sie den lieben Gott darum gebeten.« Erleichtert murmelte Erzherzogin Sophie: »Ja, ja, natürlich«.

Die Brüder Franz und Max arbeiteten ganz nahe nebeneinander im Garten. Zur Kultivierung der Landschaft benutzten sie Rechen oder Harken. Dabei schlug Franzi ebenso unvermutet wie unbeabsichtigt Max auf den Kopf. Dieser hatte einen Strohhut auf. Deshalb passierte verhältnismäßig wenig. Als das Kindermädchen die kleine Schramme versorgte, sagte Max in voller Ruhe: »Weißt Du, ich hätte meinen harten Tschako aufsetzen sollen, dann wär die Spitze gar nicht durchgegangen.« Ganz im Gegensatz zu der stoischen Haltung von Max ist Franz ganz erschrokken gewesen. Er weinte viel anhaltender als der Betroffene. Immer wieder bat er seinen Bruder um Verzeihung und fragte ständig, ob Max ihm auch nicht mehr böse sei.

Der junge Erzherzog bekam nun seine eigene »Kammer«, also einen besonderen Hofstaat. Dieser bestand neben dem Grafen Bombelles aus einem Kammerdiener, einem Kammerjungen, zwei Leiblakaien, einem Zimmerputzer, einem Hausknecht und einem Kammerweib. Auf den eigenen Kammerdiener war der Knabe besonders stolz. Gleichzeitig begann der Unterricht. Anfangs wurde die »Wissenschaft« in dreizehn Stunden pro Woche verabreicht. Folgende Fächer sind gelehrt worden: Religion, Deutsch, Französisch, Schreiben und Erdkunde. Mit Stolz vermerkte die Mutter: »Auf die Minute ist er immer zur Stelle. Nie läßt er seine Spielsachen in Unordnung herumliegen. Immer gehorcht er augenblicklich den Befehlen seiner Lehrer.«

Der kleine Erzherzog hatte jedoch keineswegs nur gute Eigenschaften. Sophie berichtete ihrer Mutter nach München: »Du hast keine Ahnung, wie schrecklich dieses Kind sein Gesicht verzerren kann, wenn es in Zorn gerät. Seine Lippen und sein Unterkiefer schieben sich bei solchen Gelegenheiten fast um Gaumenbreite vor und seine Augen kneifen sich zusammen. Er ist in solchen Augenblicken wirklich furchtbar anzusehen. Man würde gar nicht glauben, daß ein so angenehmes und frohes Gesichtchen sich so entstellen kann.«

Eines Tages fragte Franz seine Mutter, ob die verwitwete Kaiserin, die vierte Frau Franz I., nicht wieder heiraten wolle. Die Erzherzogin erwiderte: »Aber nein, sie hat den Kaiser viel zu sehr geliebt.« Der realistische Knabe verstand diese Haltung um keinen Preis. Er meinte zuletzt resigniert: »Aber warum, es ist doch so angenehm, einen Mann zu haben.«

Zuletzt hat Erzherzogin Sophie doch auch noch eine Tochter zur Welt gebracht. Sie hieß Anna und war sehr dick. So klein sie war, konnte man à conto dessen schon so etwas wie einen Busen erkennen. Franz sah dies und fragte die Mutter ganz aufgeregt: »Was hat sie denn für Auswüchse an beiden Seiten der Brust?« Dem Knaben wurde bedeutet, das käme allein von ihrer Dicke her. Franz Joseph aber replizierte ganz energisch: »O nein, sie hat sie genau so wie das Kindermädchen. Die Leopoldin hat auch solche Auswüchse.«

Der Erzherzog war weiblicher Führung bereits entwachsen. Dennoch unterhielt er sich sehr gerne mit seiner ehemaligen Aja, einer Freiin Sturmfeder von Oppenweiler. Franz fand, die Baronin sehe schlecht aus. Er sagte: »Weißt Du, warum Du immer so blaß bist und so blaue Lippen hast? Weil Du soviel geküßt wirst. Ich jage immer alle Leute weg von Dir, damit sie Dich nicht küssen, denn das ist nicht gut.«

Im großen Kinderspielzimmer ist eine Bühne errichtet worden. Die drei größten Buben hatten nun jeder ein kleines Gedicht zum Besten zu geben, welches einer ihrer Lehrer verfaßt hatte. Franz zeichnete sich ganz besonders aus. Er war auf diese seine rhetorische Leistung nicht wenig stolz. Eine alte Gräfin Lazansky von Bukowe befragte ihn: »In welcher Sprache haben Sie eigentlich rezitiert?« Da wurde Franz ganz aufgebracht und erwiderte der Hofdame nicht eben galant: »Da müssen Sie rein taub sein, denn ich hab das sehr gut gemacht.«

Anläßlich einer Geburtstagsfeier ist der damals sehr gefeierte Sänger Schönstein engagiert worden. Nachdem er einige Lieder zum Vortrag gebracht hatte, erbat er sich eine kurze Pause. Die Erzherzogin meinte, da könnte ja eine der Damen etwas zum Besten geben. Sogleich meldete sich Gräfin Anna Herberstein. Sie war ihrer Gesangspassion und ihrer schlechten Stimme wegen berüchtigt. Franz bemerkte gottergeben: »Das wird ein schönes Gebrüll geben.«

Das Töchterlein Anna verstarb in jungen Jahren. Die Mutter schrieb nach München: »Wir haben die Leiche nicht öffnen lassen, weil es mir so sehr widerstrebt, meines Kindes Eingeweide in der Stephanskirche und sein Herz bei den Augustinern, also so zerstückelt in der Stadt verteilt zu sehen.« Der Leib kam in die Kapuzinergruft. So war es der Brauch im Hause Habsburg.

Erzherzogin Sophie war über den unerwarteten Todesfall natürlich sehr betrübt. Als ihr Mann mit den Kindern einen Spaziergang machen wollte, fragte er sie, was sie denn in der Zwischenzeit tun würde. Sophie antwortete elegisch: »Ich? Ich werde weinen.« Sogleich versicherte Franz seiner Mutter: »Wissen Sie, Mama, ich werde Ihnen von meinem Taschengeld einen kleinen Affen kaufen, damit Sie sich mit ihm unterhalten können. Ein kleines Kind kann ich Ihnen nicht kaufen, aber einen Affen, ja, und das will ich auch tun.«

Schloß Persenbeug in Niederösterreich wurde besucht. Im Park nahm eine Regimentskapelle Aufstellung und versuchte, die Anwesenden durch flotte Märsche zu unterhalten. Zur Belohnung ist den Musikanten Wein und Bier verabreicht worden. Franz berichtet: »Sie tranken nun zu unserer Gesundheit und jauchzten sehr viel.«

Im Zuge der gleichen Reise kehrten die Kaiserlichen bei einem alten Pfarrherrn ein. Die Erzherzogin unterhielt sich mit dem Geistlichen. Dem kleinen Franz aber wurde die Geschichte zu langweilig. Er ging zum See hinunter, koppelte ein Boot los und schaukelte mit dem Kahn, bis das Wasser hoch aufspritzte. Sophie sah dies und wurde höchst beunruhigt. Sie bat den Pfarrer, doch hinab zu gehen, um dem Knaben das gefährliche Spiel zu verbieten. Der alte Mann aber blieb sitzen und sagte voll der Weisheit: »Wann er einifallt, Kaiserliche Hoheit, dann zarr ma ihm schon aussi. Wann er einmal Kaiser wird, wird no mehr über eahm kemma.«

Am 18. August 1843 erreichte Franz Joseph das dreizehnte Lebensjahr. Die Eltern hatten sich eine ganz besondere Überraschung ausgedacht. Die Kronprinzen des Hauses Österreich sind bereits in der Wiege Inhaber — Chefs — eines Regiments geworden. Franz war nun ja gerade nicht Kronprinz, daher dauerte die Verleihung etwas länger. Bereits seit geraumer Zeit hatte man auf das demnächst freiwerdende Kavallerie-Regiment gewartet, um es dem Knaben verleihen zu können. Nun war es soweit. General Freiherr von Minutillo war — wie es damals so eindrucksvoll hieß — zur großen Armee abberufen worden. Damit ist das k.k. Dragoner-Regiment Nr. 3 frei gewesen. Am Geburtstagsgabentisch des jungen Prinzen lag die Uniform eines Oberst-Inhabers der 3er Dragoner. Die Mutter berichtet: »Franzi ist ein überglücklicher Oberst. Sein Gesicht strahlte in stillem Entzücken, als er seine Uniform gewahrte und wir ihm das Oberstenpatent überreichten. Nie werde ich den Ausdruck unaussprechlichen Glücks vergessen, in dem er später in seiner Uniform zu uns herantrat. Als er das erste Mal in der neuen Uniform die Treppe herabkam, lief das ganze Haus zusammen. Selbst die Köchin erschien im tiefsten Negligée aus den Untiefen ihres Arbeitsplatzes. Maxi nennt den Bruder nie anders als Herr Oberst.« Abends tollten die Kinder noch eifrig, und zwar einschließlich Franzis. Da meinte der kleine Max: »Der Herr Oberst ist aber heute sehr lustig.«

Kaiser Franz Joseph ist als Erwachsener ein überaus trefflicher Schütze und ein sehr weidgerechter Jäger gewesen. Anfangs war es damit noch nicht soweit her. Von seinem ersten Jagderlebnis berichtet der Erzherzog selbst: »Anderen Tages gingen wir in den Wald. Ich wartete einige Zeit, da kommt ein Gemsbock in leichten Sätzen einhergesprungen. Von Zeit zu Zeit die Ohren spitzend. Ich feuerte, und in den vorderen Lauf getroffen, rollte er in den Graben und wollte sich schon auf der anderen Seite desselben hinaufschleppen, als ihm ein Schuß aus meinem zweiten Gewehr den anderen Vorderlauf abschoß. Nun konnte er nicht mehr weiter, und um ihn zu töten, zielte ich zum dritten Mal; doch statt der Platte, traf ich den Bauch, und aus drei Wunden blutend, blieb das arme Tier, noch immer lebend, während der ganzen Jagd liegen.«

In Ischl wurde in diesem Sommer auch die Königin von Preußen, eine der zahlreichen Schwestern Sophies, erwartet. In ihrer Begleitung befand sich eine Hofdame, ein Fräulein von der Marwitz. Franz Joseph fand sie jung, hübsch und lustig. Seine Mutter schreibt dazu: »Franzi ist in zarter Weise mit Fräulein von Marwitz beschäftigt. Es ist das erste Mal, daß so ein Gefühl in ihm erwacht. Ich kann den Eindruck nicht genügend beschreiben, den mir das gemacht hat. Dieser Bub, den ich noch für ein Kind hielt, geht plötzlich, ohne daß ich es merke, zu den Meinungen und Gefühlen eines jungen Mannes über. Das ließ mich eine vage Unruhe, wie eine peinliche Sensation empfinden, und es scheint mir, als gehöre er mir nicht mehr so wie bisher.«

Kurz danach ist eine Reise nach dem Süden Tirols unternommen worden. In der Begleitung des Erzherzogs befanden sich Graf Bombelles, Graf Morzin sowie Freiherr von Gorizutti. In Kaltern lebte damals ein Edelfräulein mit dem umständlichen Namen Maria Mörl von Pfalzen zu Mühlen und Sichelburg. Sie ist die damalige Therese von Konnersreuth gewesen. An jedem Freitag fanden sich an ihren Händen und Füßen die Wundmale der Kreuzigung Christi. Die Begleiter Franzens wollten sich die Stigmatisierte um jeden Preis ansehen. Der Prinz aber schrieb ungerührt und offensichtlich auch unbeeindruckt in sein Tagebuch: »Heute ist Freitag, daher werden wir die Leiden der berühmten Mörl und auch ihren gleichsamen Tod sehen.«

Im Herbst 1844 »inspizierte« der vierzehnjährige Prinz sein Regiment. Die 3er Dragoner lagen damals in der Landeshauptstadt der Markgrafschaft Mähren, in Brünn. Sein Oheim, Erzherzog Albrecht, war dort Kommandierender General. Er berichtet seinem Vetter Franz Karl über das Auftreten Franz Josephs: »Allgemeine Freude, fast möchte ich sagen Begeisterung, erregte sein in jeder Hinsicht ausgezeichnetes Auftreten. Ich fühle mich glücklich, dies dem Vater ohne die mindeste Übertreibung oder Schmeichelei sagen zu können. Er wußte, bei der Vorstellung der Behörden und der höheren Offiziere in Brünn und Olmütz, jedem etwas zu sagen und verband mit natürlicher Freundlichkeit und Anstand eine gewisse Würde, wie ich sie in seinem Alter noch nicht gesehen habe. Es war mir eine wahre Wonne, ihn so famos auftreten und vollkommen reussieren zu sehen.«

Zar Nikolaus I., der Selbstherrscher aller Reußen, wünschte seine Tochter Olga mit dem Erzherzog-Paladin von Ungarn verheiratet zu sehen. Dieses Projekt paßte jedoch nicht in die Pläne des fast allmächtigen Rheinländers am Donaustrand, des Fürsten Clemens von Metternich. Der Staatskanzler befürchtete, die unabhängige Stellung des Paladins könnte durch eine Verschwägerung mit dem russischen Hof noch verstärkt werden. Jedenfalls stärker, als Metternich dies für gut befand. Der Aristokrat aus Koblenz ließ alle Mittel spielen. Zuletzt war es ihm gelungen, den Plan des Zaren zu vereiteln. Kaum vierzehn Tage nach der Absage aus Wien verlobte sich die Großfürstin mit dem Kronprinzen von Württemberg. Der russische Kaiser schäumte. Beim Abschied sagte er zu Franz Joseph: »Du wenigstens, bist an all dem, was da geschehen ist, unschuldig, und einmal wird der Tag kommen, da wir beide einander verstehen und die Einflüsse ausschalten werden, die heute zum Unglück beider Reiche die Beziehungen so verschlechtert haben.«

Seit dem 1. Januar des Jahres 1846 führte Franz ein Wirtschaftsbuch. Es unterlag der genauen Kontrolle durch seine Mutter. Das monatliche Taschengeld betrug eine für die damalige Zeit horrende Summe, nämlich 160 Gulden. Ein Marinekadett erhielt ganze 12 Gulden Monatsgehalt. Der Erzherzog hatte sich unter anderem einen Hosenträger um 36 Kreuzer, nicht weniger als 16 Paar Handschuhe um 10 Gulden 40 Kreuzer und einen Jagdhut zum Preis von 5 Gulden 30 erstanden. Die erzherzogliche Kopfbedeckung kostete somit fast die Hälfte des monatlichen Einkommens eines jungen Seeoffiziers.

Die beiden ältesten Erzherzöge – Franz Joseph und Max – absolvierten einen Besuch bei ihren Verwandten des sächsischen Königshauses. Franz freundete sich besonders mit dem Prinzen Albert von Sachsen an. Seiner Mutter berichtete er über die freundschaftliche Begegnung: »Albert ist ein sehr vornehmer, junger Mensch. Er besitzt Geist, hat ganz besonders aber im Antiliberalen sehr richtige Ansichten. Auch ist er Soldat mit Leib und Seele. Zudem ist er, was mir sehr viel Freude macht, verzweifelt, auf die Universität nach Bonn gehen zu müssen, wo er gezwungen sein wird, einen Professor zu hören, der wegen seiner schlechten politischen Grundsätze aus Göttingen vertrieben worden ist.«

Die revolutionären Ereignisse, die so nahe bevorstanden, warfen ihre Schatten bereits voraus. In Ungarn war ein Flugblatt erschienen, welches den Prinzen mit der politischen Wirklichkeit konfrontierte und zutiefst erschütterte. In dem Libell heißt es: »Wer ist der König von Ungarn? Der deutsche Kaiser von Österreich. Wo wohnt der König von Ungarn? In der deutschen Provinz Österreich zu Wien. Wer ist ein Landesverräter? Der Deutsche, denn er nährt sich von den Einkünften Ungarns. Was ist die heilige Pflicht jedes Ungarn? Er soll kein fremdes Joch tragen und sollte es seinen letzten Blutstropfen kosten.«

Im Herbst 1847 soll der Jüngling den Kaiser bei einer feierlichen Inauguration in Budapest vertreten. Damit das Unternehmen stilechter wirkt, wurde Franz zum Obersten eines Husaren-Regiments ernannt. Er sprach einigermaßen flüssig die madjarische Sprache. Dies ist wichtig, denn er soll einige kurze Ansprachen halten. Die Sache läuft recht gut ab. Aber der Prinz ist doch sehr froh, das Ganze wieder hinter sich zu haben. Den Eltern schreibt er: »Die Installation ist glücklich abgelaufen. Meine Reden, deren Zahl in Ofen noch gewachsen ist, habe ich glücklich angebracht und bin dabei nur von Eljen und Halju-Rufen – Heil und hört, hört – unterbrochen worden. Mein Amt ist nun Gottlob zu Ende, und ich freue mich sehr, bald bei Ihnen zu sein.«

Zu der gleichen Zeit bereitete der Advokat Ludwig Kossuth von Udvard und Kossuthfalva seine Wahl zum Abgeordneten vor. Einer seiner Wahlwerber bemerkte in einer öffentlichen Versammlung: »Ich kenne nur vier denkwürdige Tage seit der Erschaffung der Welt: Der erste ist jener, an dem das Chaos zu lichtvoller Ordnung gelangte, der zweite der, da Christus geboren wurde, der dritte, als die französische Revolution der Welt die Freiheit gegeben, der vierte aber ist der heutige Tag, an dem entschieden wird, ob Ludwig Kossuth Abgeordneter wird oder nicht.« Kossuth ist nicht nur Abgeordneter geworden. Er hat die madjarische Revolution angeführt. Er hat das Haus Habsburg, wenn auch nur für kurze Zeit, vom Thron gestoßen und er ist, wiederum nur für kurze Zeit, Staatsoberhaupt des Königreichs Ungarn gewesen.

Selbst oder eben gerade der unerschütterliche Fürst von Metternich erkannte die Zeichen der Zeit. Er bemerkte skeptisch-ironisch zur Erzherzogin Sophie: »Ich bin kein Prophet und weiß nicht, was wird. Aber ich bin ein alter Arzt und kann vorübergehende von tödlichen Krankheiten unterscheiden. Dennoch halten wir hier fest, solange wir können, aber ich verzweifle fast an dem Ausgang.«

Die Revolution war ausgebrochen. In Wien, Budapest und Prag tobte der Bürgerkrieg. In Oberitalien war den aufständischen Italienern ihr Landsmann, der König von Sardinien, zu Hilfe geeilt. Die k.k. Truppen unter dem Oberbefehl des Feldmarschalls Joseph Graf Radetzky von Radetz mußten sich zurückziehen. Zur allgemeinen Ermunterung ist Erzherzog Franz Joseph nach dem Süden entsandt worden. Radetzky ist darüber alles andere als froh gewesen. Zur Begrüßung sagte er: »Kaiserliche Hoheit, es freut mich ja, Sie zu sehen, aber was sollen Sie hier? Ihre Gegenwart bereitet mir, offen gesagt, Schwierigkeiten. Trifft Sie ein Unglück, welche Verantwortung für mich! Werden Sie gefangen, so können alle Vorteile, die meine Armee erringt, verloren gehen.«

General Baron d' Aspre berichtet über den jungen Erzherzog an den Feldmarschall: »Von denjenigen, die bloß freiwillig den Feldzug mitmachen, muß ich die Unerschrockenheit seiner Kaiserlichen Hoheit des Erzherzogs Franz Joseph erwähnen. Er schien die Gefahr nicht zu bemerken. Nicht ohne Mühe gelang es mir, ihn später etwas zu entfernen.«

Schon im Sommer 1848 spielten eingeweihte Kreise mit dem Gedanken, den Kaiser und seinen Bruder Franz Karl zum Thronverzicht zu veranlassen. Damit wäre der Weg zur Herrschaft für Franz Joseph frei gewesen. Die Mutter schrieb um diese Zeit an Erzherzog Ludwig: »Ich glaube, der Franzi sollte jetzt auf keinen Fall verwendet werden. Auf die Art würde er vor der Zeit abgenutzt.«

Ein Vierteljahr danach — die »Zeit« war offensichtlich gekommen — ist der eben achtzehnjährige Imperator über ein Reich gewesen, welches sich von der russischen bis zur eidgenössischen, von der preußischen bis zur osmanischen Grenze erstreckte. Die Grafen von Kielmannsegg aus Holstein waren und sind eifrige Anhänger der Welfen. Nach dem Jahre 1866, als sich Preußen das Königreich Hannover eingegliedert hatte, galt Wien als der letzte Hort zahlreicher Niedersachsen. Ein Kielmannsegg ist Kgl. hannoverischer Staatsminister gewesen. Seine Frau war eine große Verehrerin österreichischer Art. Dennoch sagte sie: »Schade, daß dieser ritterliche Kaiser Franz Joseph nicht zu regieren versteht«.

Franz Joseph war von ungewöhnlicher Akkuratesse, vor allem, wenn es sich um die Einhaltung von Uniformvorschriften handelte. Bei Hoffesten hatten die Offiziere nicht in Lack-, sondern in »gewichsten« Stiefeln zu erscheinen. Der Effekt dieser Anordnung ist es gewesen, daß sich die Stiefelwichse auf den Kleidern der Tanzpartnerinnen niederschlug. Zahlreiche Damen erschienen deshalb bei Hoffestlichkeiten in »alten Fetzen«, um die Galatoiletten zu schonen.

Eine fast übertriebene Genauigkeit zeigte sich auch anderen Ortes. Die Protokolle des Ministerrates sind dem Kaiser vorgelegt worden. Er versah sie mit mancherlei Bleistiftmarginalien. Da stand dann zu lesen: »Sehr richtig«, »So ist es«, »Oho«, oder »Unglaublich«. Nicht genug an dem, verbesserte der Kaiser eigenhändig jeden orthographischen Fehler und ergänzte jedes etwa fehlende Satzzeichen.

Mit der Verleihung von Auszeichnungen jeder Art soll Franz Joseph zu Beginn seiner fast siebzigjährigen Laufbahn sehr sparsam umgegangen sein. Dieser Zustand hat nicht besonders lange gedauert, denn es sind tausende und abertausende Adelsbriefe in der langen Regierungszeit des Kaisers von ihm unterschrieben worden. In Österreich war es üblich, mit der Adelserhebung auch um die Verleihung eines Prädikats einzukommen. Im Königreich Ungarn mußte dieses adlige Beiwort ein beliebiger Ort innerhalb der Grenzen des Reiches der Stephanskrone sein. Eine vernünftige Entscheidung, die der ursprünglichen Herkunftsbezeichnung, auf die das Wort »von« zurückgeht, Rechnung trägt. In der österreichischen Hälfte der Doppelmonarchie hat es eine ähnliche weise Verordnung nicht gegeben. Jeder konnte sich somit als Prädikat nehmen, wozu er lustig war. Auf diese Art entstanden die erstaunlichsten Varianten von »Adelsnamen«. Eine Blütenlese derartiger Bezeichnungen sei dargeboten: Ammon von Treuenfest, Bender von Säbelkampf, Rodich von Berlinenkampf, Boroëvić von Säbelfeld, Donner und Blitzbergen, Hiebler von Lebmannssport, Kadich von Pferd, Loy von Leichenfeld, Rosenzweig von der Powacht, Obst von Tarrawehr, Schwabe von Waisenfreund und Wasserfall von Rheinbrausen.

Offiziere konnten den Adel besonders leicht erlangen. Sie mußten entweder 30 Jahre lang in der Linie gedient und an einer feindlichen Begebenheit teilgenommen haben oder falls sie nicht vor dem Feind gestanden waren, 40 Jahre in der Linie gedient haben. Ein alter Dragoneroberst konnte die notwendige »feindliche Begebenheit« aufweisen. Er war also nach 30 Dienstjahren »dran«. Der alte Herr war voll des Glücks. Mit Nachnamen hieß er Schwer. Nur um eines machte er sich noch Sorgen. Was für ein besonders eindrucksvolles Prädikat sollte er sich erbitten? Schwer von Schwertenegg? Schwer von Schwertheim? Oder weniger kriegerisch: Schwer von Karolinenthal? Seine liebe Frau hieß mit Vornamen Karoline. Bei einer Audienz teilte er Seiner Majestät etwas stotternd seine Schwierigkeiten in Sachen des Prädikats mit. Der Kaiser schmunzelte ein wenig und sagte schlagfertig: »Aber mein Lieber, das ist doch ganz einfach. Nennen Sie sich doch einfach ›Schwer von Begriff‹«.

Im Verlaufe eines Ministerrates war man auf Personalangelegenheiten zu sprechen gekommen. Von einem der Minister wurde erklärt, dieser und dieser Statthalter sei nicht zu ersetzen. Lebhaft fiel der Kaiser seinem Würdenträger ins Wort: »Das gibt es nicht. Im Staate muß jeder Funktionär sofort zu ersetzen sein. Wo kämen wir denn sonst hin?«

Franz Joseph besuchte die Stadt Marburg an der Drau. Zu dergleichen Zeit befand sich auch Hans von Reininghaus, der Sohn des steierischen Bierkönigs, in diesem Ort. Der junge Mann besuchte Bekannte. Alle Bürger Marburgs hatten zur Ehre des Monarchen Blumen, Kerzen und Kaiserbilder in die Fenster gestellt. Reininghaus betrachtete bei seinen Freunden das Portrait Franz Josephs. Plötzlich fragte er ganz mißtrauisch: »Ist das wirklich der Kaiser?« Da erwiderte der Herr des Hauses: »Nein, wir fanden in der Eile kein echtes Bild. Dieses hier stellt den südslawischen Nationaldichter Peter von Preradovich dar. Aber kein Mensch wird von der Straße her den Unterschied merken. Der alte Preradovich hat einen Kaiserbart und in Generalsuniform ist er auch.«

Der kaiserlich deutsche Militärattaché in Wien, Oberstleutnant Graf Keller, war abgelöst und durch einen Grafen von Wedel ersetzt worden. Als sich der pommersche Edelmann bei Franz Joseph vorschriftsmäßig meldete, meinte der Kaiser: »Das freut mich, mein lieber Wedel, daß wieder ein Mitglied einer großen Familie bei uns als deutscher Militärattaché Dienst tut.«

Zwischen dem Kriegsminister Feldzeugmeister Franz Freiherr Kuhn von Kuhnenfeld und dem Finanzminister Baron Pretis war ein Streit über irgendwelche Grundstücke in Prag ausgebrochen. Die Entscheidung über diese Frage sollte bei einem Ministerrat unter dem Vorsitz des Kaisers fallen. Der trockene Finanzmann trug seine Argumente vor. Er stützte seine These mit der Zitierung einer Unzahl von Paragraphen. Der überaus temperamentvolle General erklärte dagegen: »Ich brauche die Grundstücke. Im übrigen sind mir alle Paragraphen der Welt — wurscht!« Der Kaiser unterhielt sich sehr über diesen drastischen Ausspruch. Recht bekam jedoch der k.k. Finanzminister.

Der eben zitierte Freiherr Kuhn von Kuhnenfeld hatte eine brillante Karriere hinter sich. Sein Vater hatte sich vom einfachen Soldaten bis zum geadelten Hauptmann emporgedient. Der Großvater war Bauer und Erbrichter zu Rothwasser in Mähren gewesen. Der General verfügte über eine ungemein scharfe Zunge. Vom k.u.k. Kriegsministerium war eine neue Beförderungsordnung für Offiziere ausgearbeitet worden. Alle sollten nach den gleichen Prinzipien avancieren. Gewisse Kreise des Hofes stellten sich dem Gedanken entgegen. Die Kamarilla wünschte, daß jene Herren, die bei Hofe dienten, ohne Mitwirkung der militärischen Behörden, direkt und allein nach dem Geschmacke des Kaisers befördert werden sollten. General von Kuhn ging zu Franz Joseph I. und erklärte: »Das wäre doch ein ganz und gar unmöglicher Zustand. So was könnte doch höchstens in der Armee der Großherzogin von Gerolstein passieren.«

Ein anderes Original des k.k. (ab 1889 k.u.k.) Heeres war der General der Infanterie Anton Galgotzy. Er stammte aus Siebenbürgen. Sein Vater war Dorfschullehrer gewesen. Er brachte es zum Kommandierenden General und Geheimen Rat. Nichts wäre leichter gewesen, als Adel und Freiherrenstand dazu zu erwerben. Galgotzy aber machte sich nichts daraus und blieb daher schlicht bürgerlich. In seinem

Korpsbereich mußte eine Brücke gebaut werden. Des Generals Abrechnung lautete: »10.000 Gulden erhalten, Brücke gebaut, 10.000 Gulden ausgegeben.« Der Generalintendant war unter keinen Umständen geneigt, das Dokument anzunehmen. Er sandte die Aufstellung zurück. Prompt kam ein neuerliches Schreiben von Galgotzy. Es hatte denselben Wortlaut wie das erste, mit dem Zusatz »Wer's nicht glaubt, ist ein Esel«. Die Abrechnung wurde zuletzt dem Kaiser vorgelegt. Franz Joseph las die »Abrechnung«, schmunzelte und meinte: »Ich glaubs!«

Der Erzherzogthronfolger Franz Ferdinand hielt sehr auf Pünktlichkeit. Bei einem Manöver erschien Anton Galgotzy mit erheblicher Verspätung. Franz Ferdinand, als überaus scharf bekannt, meinte in vorliegendem Fall ohnehin sehr zurückhaltend: »Na, mein Lieber, es ist aber schon etwas über neun Uhr.« Darauf Galgotzy: »Schmeißens die Uhr weg, Kaiserliche Hoheit, es ist bereits halber zehne.«

In Südtirol existierte eine Familie des Namens Miller. In der ersten Hälfte des vergangenen Jahrhunderts siedelte sich einer dieser Millers in Wien an. Er brachte eine glänzende Laufbahn in der Wirtschaft hinter sich. Zuletzt ist er einer der größten Sodaerzeuger in der Monarchie gewesen. In der hauptstädtischen sogenannten »zweiten«, das heißt der Industrie-Gesellschaft, nahm er einen höchst angesehenen Platz ein. Er aber hatte eine Schwäche fürs Aristokratische. Jederzeit wäre es ihm ohne Schwierigkeit gelungen, geadelt oder baronisiert zu werden. Dies genügte dem Sodafabrikanten jedoch nicht. Er ließ sich einen pompösen »Stammbaum«, wie der Laie sagt (in Wahrheit heißt das Stammtafel oder allenfalls Stammreihe) anfertigen. Die Arbeit erhärtete Millers Annahme, von einem uralten schweizerischen Geschlecht abzustammen. Auf Grund der Zusammenstellung kam Herr Miller um die »Bestätigung« seiner ererbten Adelsqualität ein. Dem Kaiser war es ziemlich gleichgültig, ob er dem Industriellen nun den Adel verlieh, bestätigte oder sonst irgend etwas unternahm. Herr Miller bekam seine Bestätigung und bedankte sich submissest dafür bei einer Audienz. Zuletzt konnte er es sich nicht verkneifen, folgendes zum Besten zu geben: »Majestät, meine Familie ist, wenn ich mir das zu bemerken erlauben darf, noch älter als die Ihrige«. Der Kaiser lächelte ein wenig und antwortete: »Was Sie nicht sagen. Aber die bessere Karriere haben doch wir Habsburger gemacht.«

Der Kaiser von Österreich wußte auch ohne Meinungsforschungsinstitute die Stimmung des Volkes festzustellen. Es drehte sich um die Frage, ob der Wiener Wald – ein beliebtes Ausflugsziel der Stadtbevölkerung – Staatsbesitz oder persönliches Eigentum des Kaisers wäre. Nach langem Hin und Her meinten die Experten, das Gebiet sei des Kaisers persönliches Eigentum. Im Prozeß müsse dem entsprechend entschieden werden. Soweit ließ es Franz Joseph I. jedoch nicht kommen. Er meinte: »Lassen Sie die Angelegenheit auf sich beruhen. Wenn zu meinen

Gunsten entschieden würde, würde das keinen guten Eindruck beim Volk machen.«

Der Monarch war dafür bekannt, über politische Dinge nur und ausschließlich mit jenem Würdenträger zu sprechen, der genau für die betreffende Materie zuständig war. Der k.u.k. Chef des Generalstabs der gesamten bewaffneten Macht, Franz Freiherr Conrad von Hötzendorf, verlangte, an der österreichisch-italienischen Grenze die Forts auszubauen. Im Zusammenhang mit dieser Frage hatte der General eine Kostenaufstellung mitgebracht. Franz Joseph erklärte sogleich dezidiert: »Mit finanziellen Fragen hat sich in vorliegendem Fall ausschließlich der k.u.k. Reichsfinanzminister zu befassen.«

Selbst einer der vertrautesten Diener der Majestät – der Erste Obersthofmeister Fürst von und zu Liechtenstein – mußte es sich gefallen lassen, zurechtgewiesen zu werden. Auf das dringende Ersuchen irgendwelcher Verwandter, hatte er sich breitschlagen lassen, für einen hohen Würdenträger – der eine Standeserhöhung oder ein Großkreuz dringend notwendig hatte – bei Franz Joseph zu intervenieren. Der Kaiser hörte dem Obersthofmeister, der immerhin auch aus einer regierenden Familie kam, anfangs ruhig zu. Sodann aber meinte er sarkastisch: »Sagen Sie mir bitte zunächst, was diese Angelegenheit eigentlich Sie angeht?«

Es gab nur eine Person, gegenüber der Franz Joseph zu jeder Zeit und bei jedem Anlaß milde und nachsichtig verfuhr: Kaiserin Elisabeth von Österreich, geb. Herzogin in Bayern. Die Frau Franz Josephs ist von geradezu überirdischer Schönheit gewesen. Sie war eine Cousine ersten Grades ihres späteren Mannes. Sie konnte es sich leisten, ein etwas extravagantes Leben zu führen. In Wien war sie nur selten zu sehen. Ihre ganze Zuneigung gehörte den Madjaren. Im übrigen hielt sie sich meist im Ausland auf. Ihr Hauptinteresse gehörte dem Reitsport. Anläßlich eines Englandaufenthaltes besuchte die Kaiserin ein Geschäft, um sich Handschuhe zu kaufen. Dabei ist sie von zwei einheimischen Damen fixiert worden. Die Engländerinnen besahen sich Elisabeth von oben bis unten und meinten dann: »Most extraordinary«.

Franz Josephs Mutter und ihre Schwester, die Herzogin in Bayern, hatten dem jungen Kaiser eigentlich eine ältere Schwester Sissis als Ehefrau zugedacht. Er aber verliebte sich wahrhaftig auf den ersten Blick in Elisabeth. Erzherzogin Sophie mußte schließlich nachgeben. Sie tat dergleichen nicht gerne. Allein, am Ende war die eine Nichte so gut wie die andere. In den Tagen der Flitterwochen hatte der Kaiser politische Fragen schwerwiegendster Art und in überreicher Zahl zu erledigen. Er konnte sich seiner Frau somit nicht widmen. Die blutjunge Kaiserin langweilte sich. Zu Hause auf Schloß Possenhofen war sie gewohnt gewesen, im Kreise einer zahlreichen Geschwisterschar stets Unterhaltung zu haben. Zum

Zeitvertreib ließ sie sich einen Kutschierwagen anspannen und fuhr in der Gegend des Schlosses Laxenburg kreuz und quer durch die Landschaft. Eine Begleitung hielt sie für überflüssig. In Bayern hatte sie das auch nie für nötig erachtet. Die Obersthofmeisterin der Kaiserin — Gräfin Esterhazy, geb. Prinzessin zu Liechtenstein — war der Teenager-Imperatrix weniger als Vorstand ihres Gefolges denn als Erzieherin beigegeben. Sie hörte von dem Vorfall und sank beinahe in Ohnmacht. Sie verständigte augenblicklich nicht allein die Erzherzogin Sophie, sondern auch den Kaiser. Die Gräfin sprach die Bitte aus, der Monarch möge derartige Exkursionen, die empfindlich gegen die Etiquette verstießen, augenblicklich unterbinden. Damit ist die Obersthofmeisterin beim Kaiser jedoch sehr schlecht angekommen. Der Monarch erklärte im Tone allerhöchster Ungnade: »Die Kaiserin ist derartige Liebhabereien von ihrem elterlichen Hause her gewöhnt. Sie ist darin nie und von niemandem zu stören. Im übrigen weiß Ihre Majestät selbst, was sich gehört und was sich nicht gehört.«

Ein orientalischer Potentat war zu Besuch nach Wien gekommen. Der Zufall wollte es, daß die Kaiserin ausnahmsweise einmal in der Metropole ihres Reiches weilte. Der Nabob wurde also Ihrer Majestät präsentiert. Elisabeth war groß und sehr schlank, der Fürst aus dem Osten war klein und ungewöhnlich dick. Die Kaiserin stand in der Mitte des Raumes. Der Orientale zog sein Lorgnon aus dem Etui und umschritt wohlgefällig, mit der Zunge schnalzend, mehrmals die Majestät. Sodann wandte er sich an den Kaiser und meinte anerkennend: »Très bien, mon cher frère, très jolie.«

Eine Hofdame der Kaiserin und ein Dienstkämmerer des Kaisers gerieten in eine hitzige Debatte über die unterschiedlichen Vorzüge ihrer hohen Herrschaften. Die Hofdame strich Elisabeth über alle Maßen heraus. Zuletzt gingen dem Kämmerer die Argumente aus. Er wußte dem unerschöpflichen Redefluß seiner Gesprächspartnerin nichts mehr entgegen zu setzen. Zuletzt raffte er sich noch einmal auf und sagte strahlend: »Eins aber werden Sie mir doch zugeben müssen. Der Kaiser hat einen viel besseren Geschmack als die Kaiserin«. Wütend fuhr ihn die Hofdame an: »Was Sie da alles zusammenreden, ist ja furchtbar. Wie kommens denn auf die Idee?« Jetzt hatte der Herr aus des Kaisers Hofstaat gewonnen. Er meinte nur lächelnd: »Na, das werdens mir doch zugeben. Die Kaiserin ist doch viel schöner als der Kaiser.«

Franz Joseph schrieb nach der Niederlage Österreichs und des ganzen übrigen Deutschen Bundes gegen Preußen an seine Frau: »Bei den Friedensverhandlungen dauern die Schwierigkeiten an, und wir bringen die verfluchten Preußen noch später aus dem Lande. Wenn Du nur hier wärst. Du bist ja manchmal sekkant, aber doch ein Schatz und was für einer. Laß mich nicht zu lange allein, meine Sissi. Laß mich nicht zu lange schmachten und komm bald zu mir.«

Anläßlich einer Orientreise sollte der Kaiser von der Hafenmole zu dem betreffenden Schiff übergesetzt werden. Es war außergewöhnlich stürmisch. Der Steuermann verlangte kategorisch, Franz Joseph solle sich an der Ruderbank anseilen lassen, damit er nicht von einer Welle über Bord gespült werden könnte. Franz Joseph war diese Sicherheitsmaßnahme äußerst zuwider. Er fragte daher den desgleichen anwesenden Admiral von Tegetthoff: »Werden Sie sich anbinden lassen?« Der Seemann erwiderte in stoischer Ruhe: »Nein, Majestät, aber wenn ich ertrinke, so erfülle ich nur meinen Beruf. Ein Kaiser jedoch hat andere Pflichten.«

Bei der gleichen Exkursion sind auch die Pyramiden besichtigt worden. Nach einiger Zeit des Aufstiegs schien der Kaiser zu ermüden. Er wandte sich an den Aegyptologen Brugsch mit den Worten: »Ist es denn eigentlich lohnenswert, die Spitze zu gewinnen?« Der Gelehrte antwortete: »Lohnend ist es keineswegs, aber seit Friedrich Barbarossa hat kein deutscher Kaiser mehr die Pyramiden bestiegen.« Daraufhin setzte Franz Joseph den Aufstieg fort. Dazu ist zu bemerken: Erstens hat es im alten Reich nur einen römischen Kaiser und deutschen König gegeben. Zweitens aber hat der Rotbart seinen Fuß zu keiner Zeit auf ägyptischen Boden gesetzt.

Seit den blutigen Ereignissen der Jahre 1848 und 1849 war das Verhältnis zwischen dem Monarchen und den Madjaren ein gespanntes. Mit den Jahren besserte sich die Lage. Gelegentlich eines Besuches bereiteten die Ungarn ihrem König einen begeisterten Empfang. Ministerpräsident Graf Andrassy de Csik-Szent Kiraly et Kraszna-Horka begleitete Franz Joseph. Ganz erstaunt wandte sich der König an den Magnaten und meinte naiv: »Ich wußte gar nicht, daß Budapest soviele Einwohner hat.«

Elisabeth hielt sich viel, oft und gerne im Reiche der Stephanskrone auf. Der Kaiser – in diesem Falle in der Rolle als König von Ungarn – besuchte sie gelegentlich. Er mußte jedoch, dringender Geschäfte wegen, meist rasch wieder nach Wien zurück. Nach einem solchen Abschied schrieb die Kaiserin ihrem Mann: »Du gehst mir recht ab, mein lieber Kleiner, die letzten Tage habe ich Dich wieder so nett erzogen. Nun muß ich wieder von vorne anfangen, wenn Du zurückkommst. Du kennst mich ja und meine Gewohnheiten. Aber bin ich Dir nicht recht so wie ich bin, dann geh ich halt in Pension.«

Bei der Eröffnung des Suezkanals war Franz Joseph auch zugegen. Der Vizekönig von Ägypten gab einen ungeheuren Empfang. In den Sälen herrschte ein unbeschreibliches Gedränge. Der österreichische Monarch führte die Kaiserin der Franzosen. Nicht einmal diesem erlauchten Paar gelang es, sich durchzuringen. Die Veranstalter waren den Mengen, die sie herbeigebeten hatten, offensichtlich einfach nicht mehr gewachsen. Der Imperator schrieb nach Hause: »Uns alle erfüllte nur ein Gedanke: Aussi mecht I.«

Von dem Besuch der Pariser Weltausstellung berichtete Franz Joseph: »Ich war ganz paff über die Schönheit der Stadt. Die Kaiserin Eugenie ist ganz damit beschäftigt, sich der Zudringlichkeiten König Ludwigs von Bayern zu erwehren. Er ist seit drei Tagen hier und versucht, mit erstaunlicher Konsequenz, einen Kuß von ihr zu erlangen. Im übrigen ist der alte Herr kreuzfidel.«

Über den französischen Thronfolger – Prinz Lou-Lou – spricht sich der Kaiser von Österreich mit deutlichem, väterlichem Stolz aus: »Der kleine Napoleon ist ein gescheiter, aber sehr kleiner Bub. Er hat sehr viele Sommersprossen und trägt rote Strümpfe wie ein Kardinal. Wir können Besseres aufweisen.«

Abschließend bemerkt Franz Joseph: »Dämchen habe ich recht viele und recht hübsche gesehen. Ich denke aber nur an Dich, mein Engel, Du kannst ruhig sein. Das ist mein letzter Brief vor dem Wiedersehen, das ich kaum erwarten kann. Ich umarme Dich, mein herrliches, innigst geliebtes Weib, mit den Kindern und bleibe Dein Männeken.«

Im engsten Familienkreise wurde gelegentlich über die Möglichkeit eines neuerlichen Krieges gesprochen. Franz Joseph meinte: »In einem zukünftigen Zusammenstoß wäre Österreich mit Deutschland wahrscheinlich mit Italien und vielleicht mit England verbunden. Rußland dagegen würde mit Frankreich gehen.« Auf die Frage eines der Anwesenden: »Um was für einen Konflikt handelt es sich eigentlich?« erwiderte der Kaiser spontan: »Ja, das weiß kein Mensch, denn Grund gibt es eigentlich keinen.«

Im Verlaufe einer Seereise benutzten der Kaiser und seine engere Suite ein Kriegsschiff mit Namen »Greif«. Der restliche Hofstaat folgte auf einem anderen Kreuzer, der den Namen »Kaiserin Elisabeth« führte. Die See ging ungewöhnlich hoch. Franz Joseph ließ durch den Signalgast anfragen, wie es denn den Herren auf dem Begleitschiff ginge? Die Antwort bestand aus den lapidaren Worten: »Ave Caesar, morituri te salutant.« Der Monarch ließ zurücksignalisieren: »Requiescant in pace.« Ihn selbst hatte die Seekrankheit auch erfaßt. Er rief jedoch vergebens nach seinem Leibarzt, denn dieser war von dem gleichen Übel völlig außer Gefecht gesetzt worden.

Anläßlich eines Besuches in Berlin ist dem österreichischen Kaiser der preußische Generalfeldmarschall Graf Wrangel vorstellt worden. Der alte Haudegen bemerkte: »Euer Majestät haben mir im dänischen Krieg das Kommandeurkreuz des Theresien-Ordens verliehen. Ich trage die hohe Auszeichnung stets um den Hals.« Dabei spielten die Finger des Greises mit dem russischen Georgs-Kreuz, welches ihm tatsächlich aus dem Uniformkragen hing.

Der Professorensohn, Friedrich Beck aus Freiburg im Breisgau, war in späteren Jahren der engste Vertraute des Monarchen. Eingeweihte nannten ihn den »Vizekaiser«. Als die Bekanntschaft noch nicht ganz so intim gewesen ist, fragte Franz Joseph den damaligen Oberst Ritter von Beck, ob er sich nicht auch dem Weidwerk zuwenden wolle? Der Chef der Militärkanzlei stimmte dem Vorschlag sogleich zu. Kurz danach ist er nach Mürzsteg in der Steiermark zur Jagd geladen worden. Im dichten Schneegestöber brachte er einen Achterhirsch, einen Gems- und einen Rehbock zur Strecke. Das schien dem Kaiser etwas viel auf einmal. Er meinte in seiner trockenen Art: »Sie dürfen nicht erwarten, daß sie jedesmal solches Glück haben werden.«

In allen militärischen Dingen ist der vorletzte Kaiser von Österreich ganz besonders penibel gewesen. Ein Regiment trat an den Monarchen mit der Bitte heran, eine Fahne, die offenbar stark beschädigt war, auswechseln zu dürfen. Franz Joseph erwiderte äußerst scharf: »Es ist ganz unzulässig, daß eine Fahne so behandelt wird wie ein anderes Ausrüstungsstück. Das ›Fassen‹ einer Aushilfsfahne ist nicht geeignet, auf den Geist eines Regiments günstig zu wirken. Eine andere Fahne kann eine Einheit nur mittels der Fahnenweihe übergeben werden.«

Als sich seine Tochter Gisela mit dem Prinzen Leopold von Bayern verlobt hatte, überfiel den Kaiser – als er dieses Ereignis dem General, Freiherrn von Beck, mitteilen wollte – jene plötzlich aufsteigende Verlegenheit, die bezeichnend für die Habsburger gewesen ist. Um nicht gänzlich aus dem Konzept zu geraten, brummte Franz Joseph betont leger: »Ich bitte Sie, mir eine Regimentsinhaberstelle für meinen zukünftigen Schwiegersohn auszusuchen, meine Tochter ist nämlich Braut.«

Nach dem Tode des Chefs des Generalstabs der gesamten bewaffneten Macht, Feldzeugmeister Franz Xaver Freiherr von John, mußte die betreffende Stelle neu besetzt werden. Es wurde hin und her geraten, wer denn wohl der geeignetste Mann auf diesem verantwortungsvollen Posten wäre. Da meint der Kaiser zu einem seiner vertrautesten Generale: »Ich brauche einen sehr kalten, etwas berechnenden, aber bestimmten Generalstabschef. Wir müssen uns überhaupt vor allzu viel Genialität und Wärme des Gemüts auf Kosten des kalten, nüchternen Verstandes hüten.« Die Wahl fiel auf den neunundvierzigjährigen General Freiherr von Schönfeld aus Sachsen.

Nach der Niederlage des Deutschen Bundes gegen Preußen ist der sächsische leitende Minister, Freiherr von Beust, zum k.k. Ministerpräsidenten bestellt worden. Wien hoffte durch diesen Politiker seine Stellung in Deutschland wieder zu festigen. Die Kaiserin fragte den Grafen Julius Andrassy: »Was haben Sie für eine Meinung über diesen Mann?« Der Magnat erwiderte: »Ich kann mir nicht denken, daß ein Fremder imstande ist, die Monarchie mit frischem Leben zu erfüllen. Man muß in diesem Lande geboren sein und in ihm gelebt haben, um es retten zu können. Nehmen mir es Euer Majestät nicht übel, wenn ich die Überzeugung ausspreche, daß in diesem Augenblick nur ich allein helfen kann.«

Von einer Reise nach Zürich berichtet die Kaiserin: »Die Schulbuben sind widerlich. Andauernd laufen sie einem nach und belästigen mich im höchsten Grade.« Eine ihrer Schwestern hatte gerade ein Baby bekommen. Dieses freudige Ereignis apostrophierte Elisabeth mit den folgenden Worten: »Im großen und ganzen ist das Wickelkind nicht so abscheulich, wie solche Kinder zu sein pflegen. Nur von der Nähe riecht es nicht sehr gut.«

Ihren gesellschaftlichen Verpflichtungen konnte sich die Königin auch in Budapest nicht ganz entziehen. Sie tat jedoch nur das Notwendigste. Elisabeth schilderte ihre Situation selbst so: »Ich lebe jetzt wie die Klosterfrau im Schneckenhaus, die meint, sie sei verborgen, da kommt der Pater Guardian und wünscht einen guten Morgen.«

Der damals größte Mann in der ungarischen Politik ist Franz von Deak gewesen. Er galt als ungemein abweisend. Niemals nahm er Einladungen außer Hauses an. Durch die Vermittlung des Grafen Andrassy ließ sich Herr von Deak dazu bewegen, bei der Kaiserin zu speisen. Die Königin empfing ihn mit den ganz ernst gemeinten Worten: »Eine große Ehre für mich.«

Als die Kaiserin bei ihrem ältesten Bruder – Herzog Ludwig in Bayern – auf Schloß Garatshausen zu Besuch war, schrieb sie ihrer vertrauten ungarischen Freundin Ida von Ferenczy: »Ganz gedankenlos lebe ich dahin, so wie ich es gerne habe.«

Graf Andrassy besuchte um dieselbe Zeit die bayerische Hauptstadt. Selbstverständlich hatte der Magnat vor, seiner Königin eine Aufwartung zu machen. Wieder berichtet Elisabeth an Fräulein von Ferenczy: »Ich fühle mich hier in meiner bayerischen Heimat unter meinen nahen Verwandten unendlich wohl. Trotzdem habe ich manchmal ›ungarisches Heimweh‹ Ich freue mich sehr, daß Andrassy vorbeikommen will. Aber Du mußt keine Angst haben. Um den Hals werde ich ihm schon nicht fallen.«

Gelegentlich kam Herzog Ludwig in Bayern zu einem intimen Essen zu seiner Schwester. Der Prinz war in morganatischer Ehe mit Henriette, Freifrau von Wallersee, geb. Mendel, verbunden. Die Hofgesellschaft war über diese Tatsache noch immer sehr betrübt. Deshalb hatte Elisabeth auch niemand als das Ehepaar geladen. Dazu meinte die Kaiserin sarkastisch: »Ich vermißte gerne einmal meine Umgebung. Ich stelle mir vor, wie sie fluchten, doch konnte ich so hohe Persönlichkeiten doch nicht derartig beleidigen, daß ich sie mit meiner Schwägerin an einen Tisch gesetzt hätte.«

Anläßlich einer Reise ins Heilige Land, nächtigte Franz Joseph mit seiner Begleitung – unter der sich auch Graf Andrassy befand – in einem Zeltlager nächst Jericho. Der Magnat verdrückte sich bald. Er benützte die Zeit zu einem ausgedehnten Bummel durch die Stadt. Dieser Ausflug veranlaßte den Kaiser zu einer malitiösen Bemerkung. Natürlich erfuhr auch Elisabeth von dem nächtlichen Ausflug. Sie sandte dem Grafen folgendes Gedicht: Apropos, ein Wörtlein jetzt über den Grafen Andrassy: »Ging spazieren in Jericho abends ganz alleine, kam des Morgens in das Zelt, nackt die beiden Beine. Ohne Kalpak und Attila. Sehr laszives Mirakel. Wurde beim Fensterln wohl erwischt, grandioses Spektakel.«

Als der Kaiser auf der Fahrt zwischen Jaffa und Suez war, schrieb Elisabeth an ihn: »Ich beneide den Sultan um seine wilden Tiere. Aber noch lieber möchte ich einen Mohren. Vielleicht bringst Du mir doch einen als Überraschung mit, wofür ich Dich im voraus schon vielmals küsse. Nun bist Du wohl glücklich vereinigt mit Deiner geliebten Kaiserin Eugenie. Ich bin auch sehr eifersüchtig bei dem Gedanken, daß Du ihr jetzt den Charmanten spielst, während ich hier allein sitze und mich nicht einmal rächen kann.«

Nach den ersten Siegen der deutschen Heere im Krieg gegen Frankreich, 1870/71, schrieb sie an Franz Joseph: »Wenn das so weiter geht, werden die

Preußen ja bald in Paris sein. Wir werden aber vielleicht doch noch ein paar Jahre vegetieren, bis die Reihe an uns kommt, was meinst Du?«

Über die »Gesellschaft« meinte Elisabeth resigniert: »Es sind viele geistreiche Leute da. Dann gibt es angenehme Leute, dann nur liebenswürdige, dann elegante, auch Parvenus, Müßiggänger und Tratschen, schöne Frauen, Freundinnen und Verwandte. Das ganze zusammen mit dummen Leuten und Strebern heißt »Die große Welt«.«

Elisabeth verbrachte einige Tage in Meran. In Wien war Scharlach ausgebrochen. Der Kaiser wollte sie und die Kinder im Tiroler Süden besuchen. Elisabeth winkte ab. Franz Joseph gehorchte ohne Widerrede und erkundigte sich, was er ihr denn zum herannahenden Namenstag nun eigentlich schenken sollte. Daraufhin erhielt der Monarch die folgende bezeichnende Antwort: »Nachdem Du mich fragst, was mich freuen würde, so bitte ich Dich entweder um einen jungen Königstiger (Zoologischer Garten Berlin, drei Junge) oder ein Medaillon. Am allerliebsten aber wäre mir ein vollständig eingerichtetes Narrenhaus. Nun hast Du Auswahl genug.«

In den Hofkreisen hatte sich der Gegensatz Wien – Budapest noch keineswegs gemildert. Die Kaiserin umgab sich aus Vorliebe mit Ungarinnen. Im Winter 1872 sollten die neuen Hofdamen bei Elisabeths Schwiegermutter – Erzherzogin Sophie – vorgestellt werden. Mit der Schlesierin, Gräfin Schaffgotsche, unterhielt sich des Kaisers Mutter lange und herzlich. Für die Ungarin, Gräfin Festetics, hatte sie kaum ein Kopfnicken. Franz Josephs jüngster Bruder, Ludwig Viktor, ließ sich überhaupt nicht vorstellen. Auf die Frage der Kaiserin an Marie Festetitcs: »Haben Sie sich gekränkt?«, erwiderte die streitbare Ungarin: »Nein, aber geärgert.« Elisabeth meinte resigniert: »Daran muß man sich gewöhnen. Wenn jemand zu mir hält, dann wird er natürlich auch verfolgt. Ich wundere mich, daß der Erzherzog Ludwig Viktor nicht sofort begonnen hat, Sie zu erziehen. Er will nämlich jeden Menschen erziehen, nur sich selber nicht.«

Bei einem Essen saß Flügeladjutant Prinz Lobkowitz der Kaiserin gegenüber. Unaufmerksam spielte er mit dem neben seinem Gedeck liegenden Zahnstocher. Der Zufall wollte es, daß dieses Gerät von seinen Fingern schnellte. Im hohen Bogen überquerte der Zahnstocher den Tisch und landete genau in dem Teller Elisabeths. Zuerst wollte die Kaiserin so tun, als habe sie nichts bemerkt. Zuletzt aber schüttelte sie sich vor Lachen. Franz Joseph wandte sich an seine Frau und fragte: »Ja, was ist denn? Ich möcht auch mitlachen.« Der unglückliche Flügeladjutant sah Elisabeth flehentlich an. Die Kaiserin neigte sich zu ihrem Mann und sagte: »Weißt Du, es ist mir etwas – eingefallen.«

Elisabeth zog sich mit zunehmenden Jahren immer mehr von der Öffentlichkeit zurück. Bei Spaziergängen im Park hatte sie stets die größte Scheu, irgend jemand zu begegnen. Ließ sich ein Flügel- oder gar ein Generaladjutant nur von Ferne sehen, wandte sie alle Tricks an, um einem Zusammentreffen auszuweichen. Sie trug einen dichten, blauen Schleier, einen ungewöhnlich großen Sonnenschirm und desgleichen einen überdimensionalen Fächer, den sie nicht einmal zu Pferde aus der Hand ließ. Zu ihrer jeweiligen Begleiterin murmelte sie stets: »Eilen wir nur weg, ich höre ordentlich wie sie sprechen. Ja, der Bellegarde – Generaladjutant und Graf aus Savoyen – haßt mich so, daß ich schwitze, wenn er mich bloß ansieht. Ich fühle, wer mich liebt und wer nicht.«

Bei einem Spaziergang durch Budapest fragte die Königin plötzlich ihre Hofdame: »Haben Sie Geld mit?« »Jawohl, Majestät, aber nur 20 Gulden«, war die Antwort. »Na«, meinte die Königin, »das ist ja mehr als genug.« Sie wollte zu dem ersten Konditor der Stadt – Gerbot – gehen, um für ihre Tochter Valerie eine Kleinigkeit einzukaufen. In kürzester Zeit hatte sie ein beträchtliches Quantum der feinsten Bäckereien und Torten beisammen. Elisabeth fragte: »Ist jetzt für 20 Gulden?« Die Rechnung belief sich jedoch bereits auf 150 Florint.

Bei der Hochzeit einer ihrer Töchter mit dem Prinzen Leopold von Bayern wurde natürlich alles aufgeboten: Cercle, Konzert, Diner und ein theatre paré. Es ist der »Sommernachtstraum« gegeben worden. Elisabeth bemerkte: »Wie kann man nur bei einem Brautabend ein Stück geben, in dem sich eine Prinzessin in einen Esel verliebt? Der Neffe und Schwiegersohn replizierte schlagfertig: »Soll das vielleicht eine Anspielung sein?«

Häufig hielt sich die Kaiserin in London auf. Einmal kam sie außerhalb der Saison. »Alles ist weg. Die Straßen, wo die schönen Häuser stehen, wie ausgestorben.« Aber das genierte Elisabeth am allerwenigsten. Ein paar Besuche mußte sie aber doch absolvieren. Die Herzogin von Edinburgh – eine geborene Großfürstin von Rußland – machte ihr wenig Eindruck. Sodann ging sie zur Herzogin von Teck. An ihren Mann schrieb sie ganz beeindruckt: »Sie ist kolossal dick. Ich habe so etwas noch nie gesehen. Ich dachte mir die ganze Zeit: Wie muß die im Bett ausschaun?«

Auf der Rückreise nach Österreich wollte sie ihre Eltern und Verwandten in Bayern besuchen. Sie freute sich schon sehr auf das Wiedersehen. Nur vor König Ludwig II. hatte sie ein bißchen Angst. Die Kaiserin vermerkte: »Wenn mich nur der König in Ruhe läßt!«

In Baden-Baden wurde Station gemacht. Die deutschen Majestäten erwarteten die Kaiserin von Österreich. Die Großherzogin von Baden, eine Tochter

Kaiser Wilhelms I., sprach begeistert über die Schönheit Elisabeths. Der erste deutsche Imperator aus dem Hause Hohenzollern meinte: »Es ist besser, nicht zuviel hinzusehen. Es wird einem ganz warm ums Herz.«

Im Sommer 1875 wurde Elisabeth beauftragt, zu erforschen, ob die Prinzessin Amalia von Sachsen-Coburg den jüngsten Bruder der Kaiserin heiraten wolle. Es ging alles ganz glatt. Innerhalb kurzer Zeit fand die Verlobung statt. Elisabeth bemerkte zu ihrer Mutter: »Jetzt ist der Kleine auch schon Bräutigam. Spaßiger Geschmack, wenn man so jung ist, seine Freiheit aufzugeben. Aber das, was man hat, weiß man eben nicht zu schätzen, bis es verloren ist.«

Im Verlaufe eines Aufenthaltes in Frankreich besuchte die Kaiserin von Paris aus zahlreiche Schlösser auf dem Lande. Die meisten der Herrensitze waren nun im Besitz von Neureichen. Elisabeth meinte sarkastisch: »Da treiben jetzt die Demokraten, Republikaner und Parvenus ihr Unwesen. Das ganze Gesindel hat sämtliche Laster des Adels, nicht aber dessen Tugenden.«

Um zu sparen, wollte der Oberstallmeister Hofpferde an Privatpersonen zur Rennausnützung überlassen. Die Kaiserin, als bekannte Pferdeliebhaberin und unübertroffene Reiterin, war außer sich. Sogleich setzte sie sich hin und schrieb ihrem Mann: »Wenn Du in dieser Sache nachgibst, bin ich ernstlich böse auf

Dich, denn eine solche Außerachtlassung meiner Person ist mir noch nicht vorgekommen.«

Sowohl der Zar als auch der Kaiser von Österreich waren an der politischen Entwicklung auf dem Balkan sehr interessiert. Sie wünschten, die verschiedenen südslawischen Nationen, die Rumänen und Albaner, möchten alle Abhängigkeit von Konstantinopel abschütteln. Die Freiheit sollte jedoch nicht so weit getrieben werden, daß sie österreichisch-ungarischen oder russischen Wünschen entgegenlaufen könnte. Zar Alexander II. und Kaiser Franz Joseph I. wollten sich zu Reichstadt in Böhmen treffen, um ihre Interessen aufeinander abstimmen zu können. Elisabeth meinte überaus realistisch: »Ob etwas Gescheites von der Reichstadtreise herauskommen wird? Ich fürchte, jetzt geht der große Krach erst los.«

Auf dem königlichen Schloß Gödöllo bei Budapest war großer Empfang. Unter anderen war auch einer der Brüder der Königin – Herzog Ludwig in Bayern – anwesend. Er hatte – wie bereits erwähnt – bürgerlich geheiratet. Diesen Umstand konnten ihm manche Verwandte und auch Mitglieder der Hofgesellschaft noch immer nicht verziehen. Die Königin meinte nur belustigt: »Der Ludwig hat tausend Faxen und macht ihr das Leben nicht leicht. Es ist ganz gut, daß er die Henriette zur Frau hat. Jede andere wäre ihm schon längst davongelaufen.«

Im Februar des Jahres 1878 starb nach überaus langem Pontifikat Papst Pius IX. – profan Conte Mastai-Feretti. Elisabeth befand sich gerade in England. Sie war gesundheitlich nicht ganz auf der Höhe. Deshalb ließ sie in den Reitjagden eine Pause von einer Woche eintreten. Verschmitzt schrieb sie an den Kaiser: »Da ich nun einige Tage nicht reite, werden die Leute sagen, es sei wegen des Papstes. Das macht sich sehr gut.«

In dem gleichen Jahr 1878 sind die osmanischen Provinzen Bosnien und Herzegovina mit Zustimmung der europäischen Mächte von k.k. Truppen besetzt worden. Elisabeth hatte wenig Vertrauen in die Zuverlässigkeit ihrer slawischen Untertanen. Der Kaiser aber näherte sich, ganz im Gegensatz zu den Wünschen der Ungarn, eben gerade diesen Völkern. Die Monarchin suchte sich im allgemeinen von der Politik fern zu halten. Wenn es jedoch um madjarische Interessen ging, setzte sie sich doch ein. Sie schrieb Franz Joseph: »Schicke nur nicht zu viele Russenfreunde da hinunter, wie Kroaten, Böhmen usw.«

Die Abneigung der Kaiserin gegen gesellschaftliche Verpflichtungen jeder Art war ungewöhnlich stark ausgeprägt. Auf die Frage eines Staatsmannes, warum sie denn so oft nach Irland gehe – das sehe man in London sehr ungern –, erwiderte Elisabeth fast schnippisch: »Wissens, mein Lieber, Irlands größter Vorteil liegt darin, daß es keine fürstlichen Herrschaften besitzt, die man andauernd besuchen muß.«

Am 10. März 1880 erhielt die Kaiserin früh morgens ein Telegramm. Sie las es und wurde ganz blaß. Ängstlich fragte die Hofdame nach dem Inhalt. Elisabeth antwortete: »Der Kronprinz hat sich mit der Prinzessin Stephanie von Belgien verlobt.« »Gott sei Dank«, meinte die Gräfin, »daß kein Unglück mitgeteilt worden ist.« Tonlos meinte die Kaiserin: »Wollte Gott, daß es keines werden möge.«

In Paris angekommen, traf sie sich mit ihren Schwestern, der Königin von Neapel, der Gräfin von Trani und der Duchesse d' Alencon. Anläßlich ihres Aufenthaltes und vor allem wegen der bevorstehenden Hochzeit, machte der Präsident der Französischen Republik seine Aufwartung. Er vermittelte einen ziemlich gewöhnlichen Eindruck und war überaus befangen. Im Zusammenhang mit der Vermählung des Kronprinzen von Österreich bemerkte Jules Grevy: »Wenn man Sie sieht, Madame, könnte man glauben, daß Sie die Braut sind.« Die Umgebung grinste ironisch. Elisabeth aber wurde rot im ganzen Gesicht und blickte den Präsidenten der Republik so erstaunt an, daß diesem nichts Besseres einfiel, als möglichst umgehend zu verschwinden.

Die Hochzeit des Kronprinzen war auf den 10. Mai festgesetzt worden. Zu der vertrauten Freundin Ida von Ferenczy meinte die Kaiserin: »Es ist nur zu hoffen, daß Rudolf etwas seßhafter und ruhiger wird. Er ist gescheit, aber halt jung, und angeleitet war er auch nie. Jetzt bangt mir ein bißchen.«

Bei einem Besuch in Bayern besuchte König Ludwig II. seine Cousine. Elisabeth war bestürzt, wie dick der einst so schöne Monarch geworden war. Eigentlich wollte sie sich verleugnen lassen. Andererseits war ihr jedoch daran gelegen, daß der König ihre Tochter Valerie kennenlernte. Rasch schickte sie die junge Erzherzogin um Jasmin. Dies war angeblich die Lieblingsblume des Königs von Bayern. Valerie überreichte den Strauß. Der König konnte nicht umhin, einige Worte des Dankes zu murmeln. Man wußte nicht, wer bei dem Unternehmen scheuer und genierter war: der Monarch oder die Kaiserstochter. Kurz danach verabschiedete sich Ludwig II. Die Kaiserin stöhnte: »Gott sei Dank, daß er wieder weg ist.«

Eines Tages erschien ein britischer Erfinder. Er wollte der Kaiserin irgend etwas vorführen. Elisabeth war eben drauf und dran, einen Ausritt zu unternehmen. Sie musterte den Petenten und fragte: »Können Sie reiten?« Auf die etwas betretene Antwort: »Jawohl, Euer Majestät«, bemerkte die Kaiserin nur: »Dann verschaffen Sie sich möglichst rasch ein Reitkostüm. Auf dem Ausritt können Sie mir Ihr Anliegen ja vortragen.« Im sausenden Galopp jagte Elisabeth mit dem Engländer durch die Gegend. Es ist kaum anzunehmen, daß sie von den Erklärungen des Erfinders sehr viel verstanden haben kann. Zuletzt aber stieg der Brite schweißgebadet vom Pferd. Er murmelte erschöpft: »Das sind die schnellsten 40 Minuten meines Lebens gewesen.«

Die einzigen gesellschaftlichen Veranstaltungen, die Elisabeth Spaß bereiteten, waren die Kinderbälle, die sie für ihre Tochter Valerie gab. Es war die crème de la crème der Allerjüngsten aus dem Kreise der allerältesten Familien geladen. Die Kleinste war Prinzessin Dorothea – genannt Do – Hohenlohe-Schillingsfürst. Um vier hatte die festina begonnen. Jetzt war es bereits neun Uhr durch. Do Hohenlohe saß auf einem Hocker und starrte ziemlich verzweifelt in die Luft. Elisabeth trat auf die Kleine zu und sagte: »Willst Du was essen, Do?« Die Prinzessin, die zu Hause ordentlich unterwiesen worden war, erwiderte: »Ich danke, Majestät, tausendmal Nein.« Die Kaiserin fragte von neuem: »Möchtest Du kein Eis, Kompott, Tee, Limonade oder Bäckereien?« Die kleine Prinzessin dankte fortwährend mit gleichbleibender Höflichkeit. Zuletzt fragte die Kaiserin: »Ja, was willst Du denn eigentlich?« Da konnte Do Hohenlohe nicht mehr an sich halten: »Ruhe möcht ich haben und schlafen möcht ich gehen.« Da lachte die Kaiserin aus vollem Halse und meinte: »Du bist die einzig gescheite Person hier. Was Du sagst, möcht ich auch oft, und jetzt geh ganz schnell nach Haus.«

Die Kaiserin kam von Bayern nach Gastein, um dort ein leichtes Fußleiden zu kurieren. Aus irgendwelchen Gründen war sie der festen Überzeugung, es wäre eine Scharlachepidemie im Anzug. Zuletzt steckte sie ihre Tochter Valerie mit dem Gedanken an. Die Erzherzogin meinte plötzlich, unter starken Halsschmerzen zu leiden. Valerie sagte: »Mama, Du hast mich wirklich mit Deinen Vorahnungen angesteckt. Ich sehe mich bereits sterben, und das wäre mir kolossal unangenehm.«

In Ischl traf die Kaiserin den ehemaligen Erzieher ihres Sohnes, den General Latour von Thurmburg. Es war nicht besonders klug, was er vorzubringen hatte. Dafür redete er aber ohne Pause. Elisabeth vertraute ihrem Tagebuch an: »Seine Dummheit ist mir ein Trost, denn ich glaube, sie allein ist schuld daran, daß Rudolf so ist, wie er ist und nicht so, wie er sein könnte.«

In Gastein weilte Elisabeth gleichzeitig mit dem Deutschen Kaiser Wilhelm I. Der Imperator machte der Kaiserin unangesagt einen Besuch. Ebenso machte sie dem desgleichen anwesenden Ehepaar Bismarck eine Visite. Ins Tagebuch schrieb sie: »Nun stand ich wieder einmal vor dem gescheitesten Mann unserer Zeit.« Von anderen Zusammentreffen war Elisabeth gewohnt, eine gewisse Härte in den Zügen des Reichskanzlers zu erkennen. Jetzt hatte der alte Herr einen Zug milden Wohlwollens in seinen hellblauen Augen. Die Kaiserin konnte nicht umhin zu sagen: »Leider finde ich ihn eigentlich sehr sympathisch.«

Die Großherzogin von Sachsen-Weimar machte der Kaiserin nun ihrerseits ihre Aufwartung. Sie war nicht besonders schön, dafür aber kolossal dick. Im übrigen saß sie da, wie ein indischer Ölgötze. Elisabeth war der Besuch höchst unwillkommen. Sie hatte die Großherzogin genau gegenüber der Uhr plaziert, damit sie bald weggehen sollte. Die Unterhaltung war zu allem Überfluß noch erschwert, weil der Gast ziemlich schwerhörig gewesen ist. Auf die Bemerkung Elisabeths: »Ich fürchte, die Beleuchtung heute Abend wird verregnet«, erwiderte die Fürstin in feierlichem Tone: »Jawohl, ich hoffe es.« Mutter und Tochter verbissen sich krampfhaft das Lachen. Der Kaiser saß wie auf Nadeln. Da kam der Monarchin ein guter Gedanke. Sie meinte ganz harmlos, aber mit beträchtlicher Lautstärke: »Die Valerie hat einen furchtbaren Schnupfen. Ob der wohl ansteckend ist?« Weg war die Großherzogin von Sachsen-Weimar.

Ende August des Jahres war Elisabeth wieder in Ischl. Die Kaiserin lud die Mitglieder des Zweiges Toscana der Familie Habsburg-Lothringen zu sich. Erzherzog Franz Salvator von Österreich-Toscana war in Valerie offenbar verliebt. Des Kaisers jüngste Tochter sah ihren Vetter offensichtlich auch nicht ungern. Die Eltern aber waren nicht so ganz mit dem Unternehmen einverstanden. Elisabeth erklärte: »Valerie wird doch nicht schon wieder in die Familie heiraten. Wo kommen wir denn da am Ende hin?« Er meinte nur sinnend: »Im Winter kommt der Kronprinz von Sachsen nach Wien. Das wär halt gut und zweckmäßig in jeder Beziehung.«

Bei dem Besuch eines Irrenhauses sind der Kaiserin einige – vermeintlich ganz harmlose – Patienten vorgeführt worden. Plötzlich riß sich ein Fräulein

Windisch von ihren Begleitern los, stürzte nach vorn und schrie im höchsten Diskant: »Was, die da will die Kaiserin von Österreich sein? Das ist doch eine unerhörte Frechheit, denn alle wissen doch, daß ich die Kaiserin bin. Wie kann sich die Person unterstehen, sich für mich auszugeben?« Der leitende Arzt beruhigte die Kranke mit viel Geschick. Er sagte höchst respektvoll: »Natürlich sind Majestät die Kaiserin von Österreich. Aber Sie wissen doch, daß Sie als Monarchin immer das Gastrecht hochhalten und ihre Besucher liebenswürdig empfangen.« Diese Worte machten auf die Kranke offensichtlich Eindruck. Sie beruhigte sich jedenfalls allmählich. Kaiserin Elisabeth aber war für die nächste Zeit von ihrem faible für »Narrenhäuser« geheilt.

Im Verlaufe eines Gespräches mit der Königin von Rumänien, die als Schriftstellerin den Namen Carmen Sylva führte, bemerkte die Kaiserin: »Dieser ganze gesellschaftliche Klimbim langweilt mich tödlich. Früher war ich schüchtern. Jetzt aber hängt mir das Ganze nur noch zum Hals heraus. Da zieht man mir schöne Kleider an und behängt mich mit Schmuck. Dann trete ich heraus und sage allen möglichen Leuten ein paar Worte, bis ich einfach nicht mehr kann. Endlich aber eile ich auf mein Zimmer, reiß mir alles herunter und schreibe und Heine diktiert mir.«

Ihren zukünftigen Schwiegersohn, Erzherzog Franz Salvator, fragte Elisabeth, gegen welche Macht — Rußland, Frankreich, Deutschland — er am liebsten zu Felde zöge. Der Prinz antwortete: »Das ist mir ganz einerlei.« Da meinte die Kaiserin: »Wenns gegen die Deutschen gehen sollte, ist das doch immer traurig. Es ist doch so, wie wenn man gegen Brüder zöge. Daß sie den Vorteil ihres Landes suchen und den Verstand und die Tüchtigkeit dazu haben, kann man ihnen eigentlich nicht vorwerfen.«

Anläßlich eines »Balles bei Hof« — das war etwas weitaus exklusiveres als ein schlichter »Hofball« — wurde der Kaiserin ein jung vermählter Herr vorgestellt. Zu dessen nicht geringem Erstaunen fragte ihn Elisabeth mit Interesse: »Ist Ihre Schwiegermutter recht zuwider?« Der junge Prinz antwortete mit dem Brustton der Überzeugung: »O nein, Majestät, ganz und gar nicht.« Darauf sagte die Kaiserin trocken: »Wartens es nur ab, anfangs sind die Schwiegermütter immer ganz charmant, aber dann...«

Von einem ihrer zahlreichen Besuche in Bayern kehrte die Kaiserin wieder in die Villa »Hermes« in Lainz bei Wien zurück. Ihr Mann begrüßte sie mit der größten Begeisterung. Ihr Sohn aber — der Kronprinz — kühl und zurückhaltend. Bitter meinte Elisabeth: »Das nennt man nach Haus kommen. Zu Hause ist man doch nur dort, wo die Natur schön und die Menschen lustig sind.«

Kurz vor der Hochzeit ihrer Tochter Valerie war sie mit dieser besonders oft zusammen. Die Kaiserin hatte eine so schlechte Meinung von den Menschen, daß Valerie manchmal ganz verzweifelt gewesen ist. Auf bewegte Vorstellungen in dieser Richtung meinte Elisabeth nur kurz: »Ich möchte mich am liebsten ganz nach Korfu zurückziehen, da ich Dich ja doch hergeben muß. So muß ich mich eben an diese bittere Arznei gewöhnen.«

Ihren Sohn bat sie, jetzt doch recht nett mit seiner eben verheirateten Schwester zu sein. Zu Valerie aber meinte sie: »Ja, ich will Dich wohl Franzens Liebe anvertrauen. Aber er ist halt doch ein Räuber und nimmt mir in Dir die einzige wahre Freude meines ehelichen Lebens.«

Elisabeth verlebte die Jahreswende in ihrer bayerischen Heimat. Nach Hause zurückgekehrt schrieb sie an ihre Mutter: »So reisten wir denn, nämlich ich, denn Valerie ist verliebt und folglich dumm, mit schwerem Herzen ab. Ich habe diese schöne, ruhige Zeit mit Dir sehr genossen, daß ich heute einen wahren Katzenjammer habe.«

Gelegentlich reiste die Kaiserin auch in den Herrschaftsgebieten ihres Mannes. Bei einem Aufenthalt in Südtirol erreichte sie mit dem Bergführer Puchensteiner das Dorf Sankt Katharine in der Scharte, welches 1245 Meter über dem Meeresspiegel liegt. Das ungleiche Paar kehrte bei einem Bauern ein. »Grüß Gott«, sagte Elisabeth, »kann man ein Glas Milch bekommen?« »Ja, freilich«, erwiderte die Tochter des Hauses. »Aber ganz frisch muß sie sein.« Das Bauernmädchen ging lachend in den Stall und molk eine Kuh vor den Augen der Kaiserin. Das Getränk wurde kredenzt. Elisabeth reichte dem Dirndl zum Abschied einen Gulden. Das Mädel war ganz verlegen und fragte den Bergführer: »Wer ist denn dös? Dö muß ja grad gnua Geld haben. Für a Maul voll Milch so a Geld.«

Wieder wurde eine Reise auf dem Mittelmeer unternommen. Unter anderem besuchte die Kaiserin auf Korsika das Geburtshaus Napoleons. Elisabeth nahm Haus und Umgebung ganz in sich auf und meinte sinnend: »Was das doch für ein großer Mann war. Nur schade, daß er nach einer Kaiserkrone strebte.«

Anschließend fuhr Elisabeth auf ihre geliebte Insel Korfu. Aber auch hier blieb sie nicht lange. Der Kurs der Jacht »Miramar« ging nach Ägypten. Der österreichische diplomatische Agent in Kairo – Freiherr Heilder von Egeregg und Syrgenstein – berichtete an den k.u.k. Minister des Kaiserlichen Hauses und des Äußeren: »Die pedestrische Leistungsfähigkeit Ihrer Majestät ist eine so bewunderungswürdige, daß es die ägyptische Geheimpolizei für unmöglich erklärte, der allerhöchsten Frau anders als im Wagen zu folgen.

Vom Land der Pharaonen ging die Reise nach Gibraltar. Elisabeth war ganz begeistert. Sie rief aus: »In ganz Spanien liebe ich diesen sympathischen Ort am allermeisten. Hauptsächlich, weil er so englisch und alles so rein ist. Es gibt hier viele sehr lustige Negergeschäfte. Jeden Tag gehe ich in eines und kauf mir was. Es ist nur das Verdienst von Marie Festetitcs, daß ich nicht schon im Schuldturm gelandet bin. Doch sie kann derart gut handeln, daß wir sehr billig wegkommen.« Der Obersthofmeister, Baron Nopcsa, aber räsonierte: »Die Königin kauft so viel ein, daß bereits das ganze Schiff voll ist.«

Auf der deutschen Botschaft in Wien traf die Kaiserin die Großherzogin von Sachsen. Wieder wurden Reisepläne geschmiedet. Die thüringische Fürstin meinte: »Du bist doch, dachte ich, gerade erst von einer großen Seefahrt zurückgekommen?« Da meinte Elisabeth fast ein bißchen spitz: »Ich bereite mich jetzt darauf vor, Urgroßmutter zu werden, und da wird man mir doch wohl erlauben, mich immer mehr von der Welt zurückzuziehen.«

Während eines Aufenthaltes an der Riviera schrieb sie an Franz Joseph: »Man sagt, daß die englische Königin das ganze Hotel und darüber hinaus noch zwei Villen gemietet hat. Sie kommt nämlich mit 70 Leuten, darunter sollen sich auch eine Anzahl von Indern befinden. Das muß ja ein Vergnügen sein, wie mit einem Zirkus zu reisen.«

Im folgenden Frühling fühlte sich die Kaiserin nicht ganz wohl. Sogleich berichtete sie an ihren Mann: »Wenn ich ein bißchen krank bin, habe ich gleich Gewichtszunahme, und das ist von allen Übeln jenes, das mich am meisten kränkt.« Augenblicklich wollte die Kaiserin eine Sandkur machen, um wieder schlanker zu werden. Frau Schratt wünschte sogleich, auch so eine Methode zu erproben. Der Kaiser aber meinte trocken: »Es ist merkwürdig, wie ihr beiden immer die gleichen medizinischen Experimente unternehmt. Gottlob, ohne bisher dadurch besonderen Schaden genommen zu haben.« Elisabeth wog im Schnitt bei einer Körpergröße von 172 Zentimetern – ganze 46 Kilo.

Die Französische Republik entsandte stets besonders aristokratische Militärattachés an den Wiener Hof. Als neuer Vertreter der Grande Armee traf Marquis de la Ville de Quiney ein. Bisher hatte der Markgraf in Konstantinopel Dienst getan. Natürlich machte der Colonel auch der Kaiserin seine Aufwartung. Diese hatte kürzlich – ebenso wie ihr Oheim, König Ludwig I. von Bayern – damit begonnen, sich eine Bildersammlung besonders schöner Frauen anzulegen. Elisabeth hatte von einer osmanischen Prinzessin gehört, die allgemein als die schönste Frau der Welt gerühmt worden ist. Jetzt sah die Kaiserin eine Gelegenheit, sich über dieses Phänomen berichten zu lassen. Sie fragte also den Marquis, ob die türkische Fürstin wirklich schöner wäre als alle übrigen Frauen der Welt. Der Franzose antwortete galant: »Bevor ich Euer Majestät gesehen habe, war ich tatsächlich der Meinung, jene sei die Schönste unter den Schönen.«

Die Burgschauspielerin Stella Hohenfels hielt sich bis ins hohe Alter an der damals ersten Sprechbühne der

Welt. Die Kaiserin besuchte ein Stück, in welchem die Hohenfels eine verhältnismäßig junge Person zu spielen hatte. Nach der Vorstellung ließ Elisabeth die Schauspielerin zu sich bitten. Sie empfing die Hohenfels mit den Worten: »Sie haben ganz unglaublich gut gespielt. Und dazu in dieser Rolle, wo man Ihnen doch schon sechzig gibt.« Stella Hohenfels erwiderte augenblicklich: »Wenn man mir auch sechzig gibt. Ich nehme sie einfach nicht an.«

Die Kaiserin umgab sich gerne mit Gelehrten. Sie studierte nicht nur ungarisch, sondern auch altgriechisch mit bedeutendem Erfolg. Einer ihrer Professoren behauptete, er würde auf den Naschmarkt in Wien gehen. Dort wollte er eine der »Standlerinnen« in äußersten Zorn versetzen, ohne ihr etwas anzutun oder auch nur das zarteste Schimpfwort zu gebrauchen. Elisabeth schlug sogleich eine Wette vor. Der Gelehrte nahm an und machte sich auf den Weg. Er ging zu einem der Verkaufsstände und hielt sich die Nase zu. Daraufhin fuhr ihn das Marktweib an: »Scherens Ihna weg.« Der Professor fixierte die Person und rief in scharfem Tonfall: »Sie sind ein Artikel.« »Nicht mehr als Sie selber, Sie gscherter Hammel.« »Sie sind einfach ein Nominativ.« Die Frau konnte nur noch »Sie, Sie, Sie...« rufen. In solcher Wut befand sie sich bereits. Der Gelehrte aber fuhr fort: »Sie sind ein Verbum, ein Pronomen, ja in Wahrheit sind Sie überhaupt ein Adjektiv.« Weiter kam der Mann nicht mehr. In ihrer grenzenlosen Wut schüttete die Frau einen Kübel Schmutzwasser über das Haupt des Professors. Er lachte, ging nach Haus und hatte seine Wette gewonnen.

In Budapest ist zu Ehren der Königin ein besonders prunkvoller Ball gegeben worden. Elisabeth, die doch sonst so zurückgezogen lebte, nahm lebhaft an der Unterhaltung teil. Ganz ermüdet traf sie im Morgengrauen in der königlichen Burg ein. Sogleich wurde ihr von Obersthofmeister Baron Nopcsa ein Schreiben überreicht. Elisabeth öffnete es und erkannte, daß es sich um die Todesanzeige eines entfernten hessischen Onkels handelte. Einen Augenblick war sie bestürzt. Dann überlegte sie kurz und meinte: »Ich bin einfach zu müde. Ich werde morgen weinen.«

Wenn der Kaiser irgendwo hinkam, ist natürlich geflaggt worden. Franz Joseph wünschte nur das Schwarz-Gelb des allerhöchsten Erzhauses oder die jeweils betreffenden Landesfarben zu sehen. Besonders verhaßt waren ihm das Schwarz-Rot-Gold der Deutschnationalen und die Fahnen der Slawisch-Nationalen, die meist auf den Farben Blau, Weiß und Rot in unterschiedlicher Variation basierten. Klagenfurt, die Hauptstadt des Herzogtums oder des Bundeslandes Kärnten, war und ist ein heißer Boden zwischenvolklicher Auseinandersetzungen gewesen. Der Imperator kam und mußte ein Meer von schwarz-rot-goldenen und rot-weiß-blauen Fahnen erkennen. Die ihm genehmen Farben waren nur in sehr geringer Zahl vertreten. Der Umstand kostete dem Landespräsidenten, Freiherr Fraydt von Fraydenegg und Monzello, den Posten. Ungeachtet der Tatsache, daß der Chef der k.k. Landesverwaltung in Kärnten nicht die geringste gesetzliche Möglichkeit hatte, die Leute dazu anzuhalten, so oder anders zu flaggen.

Gegen Ende seiner Regierungszeit besuchte Franz Joseph nochmals Klagenfurt. Der Landeshauptmann – Freiherr von Aichelburg – mußte sich aus gesundheitlichen Gründen entschuldigen lassen. Mit dem Empfang des Monarchen ist deshalb der Bürgermeister von Klagenfurt und Landeshauptmannstellvertreter beauftragt worden. Der Betreffende war Rechtsanwalt und einer der führenden deutschnationalen Politiker des Landes. Er hieß Gustav Ritter von Metnitz. Der Kaiser und der Ritter hatten einander noch nie gesehen. Zuerst war der Kontakt etwas frostig. Im Verlaufe des Festessens aber war die Stimmung immer munterer geworden. Trotz seiner politischen Einstellung faßte Ritter von Metnitz eine stets wachsende Sympathie zu seinem Monarchen. Zuletzt klopfte er dem Kaiser auf die Schulter und sagte im tiefsten Bass und unverfälschtem Kärtner Dialekt: »Majestät, daß Sie so a fesche Hütten san, hätt i nie und nimmer gedenkt.«

Graf Eduard Taaffe war einer der Jugendgespielen des Kaisers. Dieser Umstand machte sich in späteren Jahren bezahlt. Der Graf war lange Jahre hindurch k.k. Ministerpräsident und damit der Leiter des Schicksals der im »Reichsrat vertretenen Königreiche und

Länder«. So ist »Österreich« genannt worden, zum Unterschied von dem Reich der Stephanskrone, also von Ungarn. Er konnte mit Franz Joseph in einem vertrauten Ton sprechen. Ja, es ging sogar das Gerücht, die Herren bedienten sich des Du-Wortes. In den achtziger Jahren des vergangenen Jahrhunderts besuchte König Milan von Serbien mit seiner russischen Frau Natalie den Wiener Hof. Balkanische Fürsten oder sonstige Potentaten wurden und werden nicht stets von der gesamten Bevölkerung geliebt und geachtet. Serbische Studenten in Wien wollten die günstige Gelegenheit beim Schopfe ergreifen. Sie planten eine Demonstration, um ihre Abneigung gegen den König und seine österreichfreundliche Politik sichtbar und hörbar zu bekunden. Es wurde daher angeordnet: Kundgebungen jeder Art sind unter allen Umständen zu unterbinden. Dennoch gelang es jungen Serben, anläßlich einer Ausfahrt der Königin Natalie, ihren Plan in die Wirklichkeit umzusetzen. Franz Joseph war fuchsteufelswild. Er ließ Graf Taaffe kommen und befahl, den Polizeipräsidenten augenblicklich seines Postens zu entheben. Dem Ministerpräsidenten wurde jedoch nach kurzem gemeldet, der Polizeipräsident habe in umsichtigster Weise alle nur irgend denkbaren Vorkehrungen getroffen, ihn träfe somit keinerlei Schuld. Ungerührt bemerkte Graf Taaffe: »Dann finden Sie eben einen anderen Schuldtragenden heraus, denn hoch oben fordert die brandende See ein Opfer.«

Ein anderes Mal war wieder ein Potentat aus dem europäischen Südosten des Kaisers Gast. Bei dem Galadiner gab es unter anderem Spargel. Das Festessen wurde im Spiegelsaal serviert. Der Fürst, aus irgendwelchen balkanischen Bergen, besah sich das Gericht mißtrauisch. Sodann zog er einen Spargel kunstgerecht aus und warf den holzigen Rest hinter sich. Im hohen Bogen klatschte dieser auf einen der Spiegel. Der Kaiser blickte auf, erkannte die Situation und warf seinerseits mit großem Schwung den Spargelrest hinter sich. Er hätte es als taktlos empfunden, wenn er dem Gast eine Blamage hätte spüren lassen.

Es brach eine Regierungskrise aus. Franz Joseph ließ sich einen Statthalter – Oberpräsidenten – kommen. Als der hohe Verwaltungsbeamte hereinkam, rief ihm der Kaiser zu: »Ich habe Sie kommen lassen, damit Sie noch heute an die Spitze eines von mir zu berufenden Beamtenministeriums treten. Ich hatte die Absicht, den Grafen Badeni mit der Kabinettsbildung zu betrauen. Doch der hat mir dargelegt, daß er erst noch eine von ihm in Galizien eingeleitete Verwaltungsaufgabe zu Ende führen wolle, so daß er erst später an die Spitze der Regierung berufen werden kann.« Der Statthalter brachte die unterschiedlichsten Einwände gegen seine Ernennung vor. Da richtete sich der Kaiser hoch auf und schnitt alle weiteren Reden mit den Worten ab: »Sie waren Offizier und wissen, was es heißt, wenn der Kaiser sagt: Ich befehle.« Statthalter Graf von Kielmannsegg nahm darauf den Posten eines k.k. Ministerpräsidenten an.

Noch bevor die Angelegenheit durch das Machtwort des Kaisers in seinem Sinne entschieden worden ist, hatte Kielmannsegg angebracht, daß er als Lutheraner einen besonders schweren Stand haben könnte. Der Monarch hatte dieses an sich zugkräftige Argument desgleichen zurückgewiesen. Zu dem Problem katholisch-evangelisch zwei Anekdoten. Eine Fürstin war der Meinung, ihr nunmher dreißigjähriger Sohn solle allmählich ans Heiraten denken. Sie sprach Bubi direkt an: »Willst Du nicht in der nächsten Zeit heiraten?« Der Prinz erwiderte wohlerzogen: »Ja, Mama, wenn Du glaubst, gern.« »Siehst Du«, sprach die alte Fürstin, »ich habe ja gleich gewußt, daß wir uns verstehen werden. Da wär zum Beispiel die kleine Marielies.« »Nein, um Gottes Willen, die ist ja viel zu dick.« »Na bitte, es muß ja nicht grad die sein. Da hätten wir noch die liebe Theresl.« »Aber bitt Dich, die ist doch dürr wie ein Haubenstock.« Die Fürstin ließ jedoch nicht locker. Sie offerierte dem Prinzen noch eine ganze Reihe von Kandidatinnen. Stets aber stieß sie auf Ablehnung. Die eine war zu alt, die andere zu jung, die dritte zu dumm, die nächste zu gescheit. Endlich nach langem hin und her ist es Ihrer Durchlaucht zu dumm geworden. Sie sagte in ziemlich scharfem Ton: »Also, was ist eigentlich. Wir waren es uns doch einig, daß umgehend geheiratet wird. Wen willst Du denn eigentlich nehmen?« Daraufhin erwiderte der Prinz ein bißchen betreten: »Weißt Du, Mama, wenn Du mich fragst, ich tät halt am liebsten den Rudi heiraten.« Die Fürstin erstarrte. Im Tonfall schärfsten Mißfallens erklärte sie abschließend: »Was redst Du da für einen furchtbaren Stuß zusammen. Du weißt doch ganz genau, daß der Rudi evangelisch ist.«

Eine adlige Äbtissin hatte die Aufgabe, die Erziehungsstätten aristokratischer Jungfrauen zu inspizieren. Einmal war sie wieder in einem der besonders eleganten Internate erschienen. Es war gerade die Zeit der Jahresabschlußprüfungen. Die Gräfin interessierte sich für alles und jedes. Vor allem nahm sie herzlichen Anteil an den ferneren Schicksalen der jungen Damen. An jede Einzelne wandte sie sich in mütterlicher Zuneigung und erkundigte sich, was denn diese oder jene Comtesse für Zukunftspläne habe. Silberhell erklangen die Antworten. Die Mehrzahl wünschte umgehend zu heiraten. Manche hatten karitative Absichten. Zuletzt kam ein besonders hübsches und offensichtlich auch ungewöhnlich aufgewecktes Mädchen zur Äbtissin. Auf deren liebreiche Frage, wie es denn mit den Zukunftsplänen stünde, erwiderte die Kandidatin, ohne mit der Wimper zu zucken: »Ich möchte Prostituierte werden.« Die alte Dame war wie vom Schlag gerührt. Sie sank röchelnd in ihren Stuhl zurück. Die Vorsteherin des Instituts und der desgleichen anwesende Anstaltsarzt fürchteten für das Leben der Gräfin. Man schickte nach Spritzen, eilte mit Flakons aller Art umher, beträufelte die erlauchte Stirn der Ohnmächtigen mit Eiswasser und wedelte mit Handtüchern umher, so wie das zur Erquickung der Boxer im Ring geschieht. Nach geraumer Zeit öffnete die Äbtissin die Augen. Sie blickte verständnislos und verstört um sich. Plötzlich erinnerte sie sich offenbar der unmöglichen Ausgangssituation. Das zuletzt befragte Mädchen stand noch an seinem Platze. Nicht mehr ganz so liebreich wie zuvor wandte sich die Inspizierende an ihr Gegenüber: »Mein liebes Kind, ich hab mich da wohl verhört?« Die Kleine blickte ungerührt auf und sagte: »Keineswegs, Euer Gnaden, ich antwortete auf ihre Frage: Ich will Prostituierte werden.« Ein goldener Schein verklärte die Züge der alten Gräfin. Milde und wohlwollend ruhte ihr Blick auf dem jungen Mädchen. Und die Äbtissin verkündete: »Siehst Du, meine liebe Kleine, Gottes Segen ruhe auf Deinem Blondköpfchen. Ich habe mich eben doch entschieden verhört. Du sagtest Prostituierte, ich alte Gans aber verstand – Protestantin.«

Der k.k. Ministerpräsident erschien beim Kaiser in Audienz. Unter anderem schlug er vor, sieben Herren in den Freiherrenstand zu erheben. Der Kaiser meinte, er sei im Prinzip nicht so sehr für diese Standeserhöhungen. »Jedermann weiß doch, wenn von einer Ware zuviel auf den Markt geworfen wird, dann sinkt sie automatisch im Wert.« Der Regierungschef blieb mindestens in einem Falle hart. Er meinte, es handle sich um einen sehr verdienten General. Das Reichskriegsministerium habe sich nachdrücklich für den Antrag eingesetzt. Im übrigen wies er darauf hin, daß ein anderer General mit demselben Dienstrang und -alter sowie ähnlichen Verdiensten sich bereits der sieben Zacken einer Freiherrenkrone erfreuen könnte. Der Monarch aber erwiderte ebenso ablehnend wie belustigt: »Ja, damals habens mich drangekriegt. Aber heut nimmermehr.«

Auch die Meinungen eines Imperators ändern sich mit den Jahren. Anno 1895 beklagte sich der Monarch gegenüber dem k.k. Ministerpräsidenten wegen der Amtsführung des Grafen Franz von Thun und Hohenstein als Statthalter von Böhmen. Der Kaiser bezeichnete den »böhmischen Herrn« rund herum für einfach unfähig, seinem Amt gerecht zu werden. Nicht allein auf seinem augenblicklichen Posten, sondern weil schlechtweg unfähig. Vier Jahre danach berief Franz Joseph den »unfähigen« Grafen zum k.k. Regierungschef. In der Folge ist Thun nochmals durch lange Jahre Statthalter im Königreich Böhmen gewesen. In der Zwischenzeit ist der Aristokrat in den Fürstenstand erhoben und in den Orden vom Goldenen Vließ aufgenommen worden.

Der unbestrittene Führer der christlich-sozialen Partei war Karl Lueger, genannt der »Schöne Karl«. Seine politische Gruppe galt bei der Mehrzahl der Kirchenfürsten und bei den Klerikalen als revolutionärer Haufen. Als es soweit war, erklärte der Kaiser dezidiert: »Die Bestätigung Luegers — als gewählter Bürgermeister von Wien — kommt überhaupt nicht in Frage. Das würde in Ungarn den allerschlechtesten Eindruck machen.« Zwei Jahre danach war der Volksführer Stadtoberhaupt von Wien, und zwar mit des Kaisers Bestätigung.

In der k.u.k. Kriegsmarine dienten zwei Angehörige der Familie Zaccaria. Der Vater als Admiral, der Sohn als Seekadett. Es fiel den Kameraden auf, daß der junge Zaccaria offensichtlich über unverhältnismäßig viel Geld verfügte. Auf Befragen antwortete der Kadett: »Aber das ist doch ganz einfach. Der Papa und ich haben die Gagen getauscht. Ich komm mit dem Admiralseinkommen ganz gut aus, und der Papa braucht eh nicht mehr viel.«

Oktav Ritter Regner von Bleyleben war in ganz jungen Jahren Landespräsident der Bukowina, des Buchenlandes, geworden. Kurz nach seinem Dienstantritt hatte sich ein einflußreiches Mitglied der jüdischen Kultusgemeinde bei ihm gemeldet. Der Großkaufmann titulierte den Landespräsidenten andauernd »Herr von Bley«. Endlich wurde es dem hohen Herrn zu dumm. Er fragte: »Sagens einmal, warum nennens mich denn in einer Tour Bley?« Da erwiderte der Kaufherr: »Wir werden gute Freind, Herr Landespräsident, aber so intim, daß ich Ihna sagen kennte Bley-Leben, so intim simma doch noch nicht.«

Als das große neue Spital nächst der Triesterstraße in Wien fertiggestellt worden war und mit der Einwilligung des Monarchen den Namen »Kaiser-Franz-Joseph-Spital« erhalten hatte, besichtigte der allerhöchste Herr die Einrichtung. In einem eigenen kleinen Bau war die Infektionsabteilung untergebracht. Franz Joseph erkundigte sich nach der Verwendung des Pavillons. Daraufhin wurde dem Kaiser mitgeteilt, dort befänden sich diejenigen Patienten, welche mit ansteckenden Krankheiten darniederlägen. Sogleich wollte der Kaiser die Abteilung besichtigen. Der auch anwesende Statthalter von Niederösterreich, Graf von Kielmannsegg, riet untertänigst ab. Franz Joseph bemerkte: »Mir scheint, Sie fürchten sich. Ich aber will das Unternehmen besichtigen.« Der hohe Beamte erwiderte: »Das nicht, aber den Kaiser soll man nicht unnötigen Gefahren aussetzen.« Dennoch ließ sich der Monarch von seinem Vorhaben nicht abbringen. Er zeigte nachher einen gewissen Stolz, eben daß er sich nicht vor Ansteckung gefürchtet hatte.

Die Kanzleidirektoren und sonstige beamtete Koryphäen hielten an der seit altersher überlieferten Form der Aktenbearbeitung mit eiserner Zähigkeit fest. Nichts konnte sie davon abbringen, den »Dienstweg« in den üblichen, wenn auch gelegentlich sehr zeitraubenden Formen, einzuhalten. Benötigte ein Aktenstück Monate oder noch länger, bis es der eigentlichen Bearbeitung zugeführt werden konnte, so spielte dies keinerlei Rolle. Auf diese Zustände anspielend sagte Franz Joseph I. gelegentlich unter einem Stoßseufzer: »Wie glücklich könnte doch Österreich sein, wenn es nur keine Hofräte hätte.« Und gerade diese hat die Republik beibehalten!

Ein Fürst zu Solms-Braunfels hatte eine Freiin von Erlanger geheiratet. Die junge Fürstin ist trotz ihres hohen Titels, ihrer neuadligen Herkunft wegen, nicht hoffähig gewesen. Nichts sehnte die Bankierstochter mehr herbei, als dem Kaiser präsentiert zu werden. Alljährlich fand im Erzherzogtum unter der Enns — dem heutigen Niederösterreich — ein großes Schützenfest statt. Der Kaiser pflegte als passionierter Jäger und trefflicher Schütze diese Veranstaltung stets zu besuchen. Diese Möglichkeit versuchte Prinzessin Solms zu nutzen. Sie erschien auf dem Festgelände. Nach kurzem sah sie bereits den Kaiser herankommen. Bei dem Schützenfest herrschte natürlich keinerlei Hofetikette. Die Durchlaucht wurde der Majestät somit vorgestellt. Der Kaiser richtete einige freundliche Worte an die Prinzessin und forderte sie auf, doch nur weiter zu schießen. Die Fürstin tat, wie ihr geheißen. Jeder Schuß — zusammen eine beträchtliche Anzahl — ging daneben. Beim Weggehen sagte Franz Joseph zu seiner Umgebung: »Die Solms hat sich aber anständig blamiert.«

Eine Freiin von Mylius aus dem fernen Köln hatte einen Marchese Polesini geheiratet, dessen Stammgüter auf der Halbinsel Istrien lagen. Dort wurde — in den gehobenen Kreisen — italienisch gesprochen. Die junge Marchesa beherrschte die lingua italiana anfangs noch nicht so gut. In Parenzo ging sie ins Caféhaus — in Begleitung ihrer Gesellschafterin, versteht sich — und verlangte ein Glas Milch. Die Bezeichnung für das Getränk fiel ihr nicht ein. Sie versuchte, sich dem Kellner durch alle möglichen Gesten verständlich zu machen. Er verstand aber nicht. Da fiel ihr, wie sie meinte, das Synonym für Milch ein.

Erlöst sagte sie zu dem Mann: »Letto, prego.« Der Kellner verschwand und kam nach kurzer Zeit mit dem gewünschte Getränk zurück. Da wandte sich einer der anwesenden cavalieri mit einem kleinen Lächeln an sie und meinte: »Wissen Sie, Marchesa, der Bursche ist offensichtlich äußerst intelligent. Milch heißt nämlich latte, während letto – Bett bedeutet.«

Anläßlich einer Feier hielt sich Kaiser Franz Joseph auf dem Schneeberg auf. Mit großer Genugtuung bemerkte er, daß bei der Beflaggung des Ortes keinerlei schwarz-rot-goldene Fahnen verwendet worden waren. Diese waren dem Imperator als äußeres Zeichen einer antihabsburgischen Gesinnung in der Seele verhaßt. Damals war bereits Freiherr von Bolfas aus Frankfurt an der Oder und nicht mehr Freiherr von Beck aus Freiburg im Breisgau Chef der Militärkanzlei. Der General schwieg. Statthalter Graf von Kielmannsegg, dessen Familie über Hannover aus Holstein nach Österreich gekommen war, konnte sich nicht enthalten, folgenden Ausspruch zu tun: »Dann haben Euer Majestät nicht genau hingschaut, es sind mehrere schwarz-rot-goldene Fahnen ausgsteckt, aber neben den schwarz-gelben kaiserlichen und blau-gelben erzherzoglichen, deshalb habe ich sie auch nicht entfernen lassen, denn, wenn jemand im übrigen patriotisch ist, so darf man ihn nicht daran hindern, sein Deutschtum zu bekennen.« Der Kaiser, der einst selbst erklärt hatte: »Ich bin ein deutscher Fürst«, hörte derartige Bemerkungen dennoch nicht gerne. Er musterte den Statthalter teils unwillig, teils aber auch nachdenklich.

Der Sicherheitsdienst um die Majestät lag gelegentlich eines Ausfluges in den Händen der Grafen Hoyos und Wurmbrand Stuppach. Das gräfliche Jagdpersonal säumte deshalb jene Wege, die der Monarch zu benützen beabsichtigte. Der Kaiser war nicht allein in den Fragen militärischer Bekleidung sehr penibel. Als er den ersten der Forstbeflissenen erblickte, rief er entsetzt aus: »Ja, da steht schon ein Jäger. Der hat aber blaue Gatien zur Lederhose an. Das kann ich nicht leiden. Nur nackte Knie gehören sich für einen Weidmann.« Mehrmals auf der Strecke bemerkte Franz Joseph kopfschüttelnd: »Schon wieder einer in Unterhosen.« Bei dem anschließenden Empfang hatte die Jägerschaft gehofft, vielleicht auch vorgestellt zu werden. Der Kaiser aber ließ sie – der Gatien wegen – vollständig links liegen.

In späteren Jahren ist der Kaiser gelegentlich nach seinem Jagdglück befragt worden. Resigniert antwortete der Monarch: »Nix besonders, es geht mir mit den Augen nicht mehr recht zusammen.« Einer der Anwesenden riet zu einem Zielfernrohr. Franz Joseph erwiderte ganz entrüstet: »Aber auf keinen Fall, das ist ja ganz unwaidmännisch.« Als sein Gesprächspartner immer von neuem auf die unglaublichen Vorteile eines Zielfernrohres hinwies, meinte der Kaiser zuletzt ganz unwirsch: »Geben Sie sich nur keine weitere Mühe. Sie kriegen mich auf keinen Fall dran.«

Franz Joseph ist ein überaus waidgerechter Jäger gewesen. Die Massenabschüsse, die der Erzherzog-Thronfolger Franz Ferdinand gelegentlich zu veranstalten liebte, lehnte der Kaiser ab. Zu seinem Generaladjutanten, Graf Paar, vermerkte er im Tone merklichen Mißvergnügens: »Kürzlich hat der Erzherzog Franz Ferdinand im Lainzer Tiergarten ein paar hundert Stück abgeschossen. Unbegreiflich, das sind doch Haustiere. Finden Sie so etwas waidmännisch?«

Es bestand ein Erlaß irgendeines der zahlreichen k.k. Ministerpräsidenten, der aussagte, ein Staatsbeamter habe sich nach 40 Dienstjahren in den Ruhestand zurückzuziehen. Der Statthalter der Steiermark — Manfred Graf von Clary und Aldringen — hatte das entsprechende Alter erreicht. Er machte, anläßlich einer Audienz, auf seine nunmehr abgelaufene Dienstzeit aufmerksam. Der Kaiser lachte und replizierte lebhaft: »Aber, wo denkens denn hin, ein solcher Erlaß — wenn er überhaupt besteht — gilt doch nicht für solche Männer wie Sie einer sind.«

Nach dem gewaltsamen Tode seiner Frau machte der Kaiser eine erstaunliche Entdeckung. Elisabeth hatte mit einem ungeheuren Aufwand gelebt. Auf der Insel Korfu ist eine prachtvolle Villa errichtet worden. Die Kaiserin ist das eine oder andere Mal dort gewesen, dann paßte ihr der Wohnsitz nicht mehr. Das Haus blieb leer stehen, bis es der Deutsche Kaiser kaufte. Den ungewöhnlichen Aufwand beglich selbstverständlich Franz Joseph I. aus seiner Privatschatulle.

Als der Nachlaß der Kaiserin gesichtet wurde, entdeckte man ein Vermögen von mehreren Millionen Kronen, welches die hohe Frau bei dem Bankhaus Rothschild hinterlegt hatte.

Zur Zeit des Attentates auf den Erzherzog-Thronfolger und die Herzogin von Hohenberg machte der Kaiser eben in Ischl Urlaub. In nächster Nachbarschaft – in Gmunden – lebte der hannoversche Thronprätendent, der Herzog von Cumberland. Am nächsten Tag berichtete der Welfenprinz einem seiner Vertrauten über seine Eindrücke von Franz Joseph, nachdem dieser die Nachricht von dem Attentat in Sarajevo erhalten hatte. Der Herzog meinte: »Ich habe den Kaiser sehr gefaßt gefunden. Er hat zwar sein Entsetzen über die ruchlose Tat ausgesprochen, abschließend aber in aller Ruhe erklärt, man müsse sich mit dem Vorfall abfinden, schließlich wären der Thronfolger und dessen Frau eine arge Verlegenheit für die Monarchie gewesen.«

Mit der königlichen Familie von Sachsen war die Intimität groß. Wieder einmal war ein Prinz von Sachsen zu Besuch in Wien. Natürlich ist alles aufgeboten worden, um dem Neffen den Aufenthalt möglichst angenehm zu gestalten. Ein in diesen Belangen überaus erfahrener Rittmeister betreute das Nachtleben des Sachsen-Prinzen. Nach einem sehr ausgedehnten Bummel durch eine Menge von Nachtlokalen kehrten die Herren in die Hofburg zurück. Am nächsten Morgen beim Frühstück fragte der Prinz aus Dresden ganz aufgeregt den Kaiser: »Bitte, Onkel Franz, mir ist aufgefallen, daß es in Wien unverhältnismäßig wenig Straßenmädchen gibt. Ich hätte gar nicht gedacht, daß die Wiener so moralisch sind.« Der Kaiser dachte ein wenig nach und meinte dann sinnend: »Das ist es wohl weniger. Aber die Konkurrenz der Amateurinnen ist für die gewerbsmäßigen Damen einfach zu groß.«

Im Verlaufe einer Besichtigungsreise kam der Kaiser in einen kleinen Ort. Die Honoratioren hatten sich zum Empfang des Monarchen natürlich vollzählig eingefunden. Der Bürgermeister hielt eine kleine Ansprache. Anschließend erbat er sich die Gnade, dem allerhöchsten Herrn die Mitglieder der örtlichen Verwaltung vorstellen zu dürfen. Der Kaiser stimmte zu, und der Dorfälteste begann: »Gemeinderat Fuxberger – Kaiser Franz Joseph, Gemeinderat Schlamadinger – Kaiser Franz Joseph, Gemeinderat Eimannsberger – Kaiser Franz Joseph.« Als er noch weiter in dieser Art fortfahren wollte, meinte der Kaiser schmunzelnd: »Ich glaube, Herr Bürgermeister, die Herren werden jetzt vielleicht schon wissen, wer ich bin.«

Häufig begab sich der König auch nach den Ländern der Stephanskrone. Unter anderem besuchte er die Stadt Debreczen. Als besondere Sehenswürdigkeit ist ihm dort der Kopf des madjarischen Nationalhelden Fürst Franz Rakoczy gezeigt worden. Die Majestät bewunderte die völkische Reliquie gebührend und fuhr weiter. In Keczkemet ist ihm wieder das Haupt des »Kuruzzenkönigs« gezeigt worden, in Pecs und in Pocsony desgleichen. In Temesvar hatte man sogar zwei Köpfe des Fürsten aufzuweisen. Auf die Bemerkung, dergleichen wäre doch etwas befremdend, erwiderte der begeisterte Museumsdirektor: »Aber nein, Majestät, gor nix erstaunlich. Einmal Kopf von große Rakoczy, wie war er jung und einmal wie er ist bereits alt gewesen.« Der Kaiser – hierzulande in seiner Eigenschaft als König – entfernte sich kopfschüttelnd. In Budapest traf er mit einem der ersten Magnaten des Landes zusammen und erzählte ihm von seinen Erlebnissen. Der Fürst lachte sehr, entrüstete sich nicht wenig und sagte: »Olles Gauner, Majestät, wenn ich mir erlauben darf zu bemerken. Wirklich echt ist nur der in ungarische Nationalmuseum und der, den ich hab.«

Graf Pongracz de Szent Miklos et Ovar war bei einem steierischen Verwandten zu Gast. Gleich am ersten Abend erzählte der Ungar, welcher die deutsche Sprache gut, aber nicht in all ihren Feinheiten beherrschte, er hätte in Kecskemet – um dieser Einladung Folge leisten zu können – einen »Freundbusen« verlassen. Sogleich wies der Gastgeber daraufhin, daß dieser Ausdruck nicht Freundbusen, sondern Busenfreund laute. Nicht lange danach beschrieb der Magnat eine Mittelmeerreise und meinte: »Das war sehr schön, wie wir so über den Busenmeer hinblickten.« Sogleich erfolgte neuerlich eine Verbesserung: es hieße nicht Busenmeer, sondern Meerbusen. Da war es dem Aristokraten aus dem Reiche der Stephanskrone zuviel. Er stellte entrüstet fest: »Was ist das für eine Sprach, diese deutsche. Einmal ist Busen vorn und einmal ist Busen hinten.«

Gelegentlich eines Besuches in Graz, der Hauptstadt des damaligen Herzogtums Steiermark, hörte Graf Pongracz, wie sein Vetter – auf die drei Töchter des Hauses anspielend – zur Hausfrau sagte: »Ich muß schon sagen, Ihre Mädeln, wie die drei Grazien.« Der Graf aus dem Ungarland dachte sich, das muß ich mir merken. Nach Budapest zurückgekehrt – die Stadt besteht aus den Teilen Buda und Pest –, folgte er auch einer Einladung. Die Hausleute verfügten desgleichen über drei Töchter. Stracks ging der Magnat auf die Hausfrau zu und sagte: »Ich muß schon sagen, Ihre Mädeln, wie die drei Pestien.«

Das Alter einer Familie zählte im k.u.k. Österreich so gut wie nicht. Allein der Titel wurde gewertet. Die Fürstin Hohenlohe, geb. Gräfin Sternberg, hörte von der Absicht einer ihrer Töchter, sich mit einem Herrn von Lonyay verloben zu wollen. Sie war entrüstet! Dieser Lonyay verfügte damals über keinen Titel. Er hieß Lonyay de Nagy-Lonya et Vasaros-Nameny. Außerdem ist er Großgrundbesitzer, k.u.k. Kämmerer und Husarenoffizier gewesen. Die Familie gehörte zu den ältesten und verdienstvollsten des Landes. Dies half jedoch alles nichts. Die Fürstin fuhr ihre Tochter an: »Was hab ich da gehört? Du willst einen Herrn Lonyay heiraten. Wie stellst Du Dir denn das eigentlich vor? Wie sollen die Leut Dich denn anreden? – Vielleicht ›Gnädige Frau?‹« Die Prinzessin blieb jedoch fest. Es wurde in aller Verschwiegenheit geheiratet. Nur eine ihrer Schwestern ist anwesend gewesen. Zuletzt hatte es der unerwünschte Schwiegersohn zum Oberststallmeister, General der Kavallerie und was allein wog – zum Grafen gebracht. Damit ist die Welt wieder heil gewesen.

Eben fiel der Name Sternberg. Die Familie gehörte zu den ersten Geschlechtern des Königreichs Böhmen. Ein besonders originelles Mitglied der gräflichen Familie, im Abendrot der Habsburgermonarchie, ist Adalbert, genannt Montschi Sternberg, gewesen. Unter anderem ließ er sich in den böhmischen Landtag und über diesen in den Reichsrat – also das Zentralparlament von Zisleithanien – wählen. Er schlug seinen politischen Gegnern gegenüber einen ziemlich rüden Ton an. In einem Rededuell mit dem Führer der österreichischen Sozialdemokratie, Viktor Adler, erklärte er im Plenum vor versammeltem Hause: »Auf eines möchte Sie, meine Herren, gleich von allem Anfang an hinweisen. Bei dem Kerl – ich meine den Herrn Adler – hams das Kind weggschmissen und die Nachgeburt aufgezogen.«

Nach dem November 1918 sind gerade diese Sozialdemokraten an der Macht gewesen. Sie mußten ihren Reformeifer unter Beweis stellen. Möglichst vieles mußte als abschaffenswert verurteilt werden. Unter anderem ist es 1919 verboten worden, Adelstitel zu führen. Graf Adalbert Sternberg ließ sich daraufhin Visitenkarten drucken, auf denen zu lesen stand: Adalbert Sternberg – Geadelt von Karl dem Großen, entadelt von Karl Renner.

Aber nicht allein in Ungarn und Böhmen gab es Originale in reicher Zahl. Auch das Königreich Kroatien hat mancherlei dergleichen aufzuweisen. Graf Voikffy von Vojkovich, Klokoch und Trebinje gehörte ohne Zweifel zu dieser Sorte. Er war Jahre hindurch die Steuern schuldig geblieben. Endlich konnten auch noch so gute Beziehungen nicht mehr vor Bezahlung schützen. Also fuhr der kroatische Magnat vor das Finanzamt vor. Jedermann war aufs Höchste erstaunt. Zuerst im eleganten Jagdwagen der Graf. Sodann eine Anzahl von Ochsenfuhrwerken. Die Karawane hielt an. Voikffy befahl: »Abladen.« Die Knechte trugen Sack um Sack ins Finanzgebäude. Im Kassenraum angekommen, öffneten sie die Knoten und entleerten die Säcke auf dem Fußboden. Tausende, zehntausende, hunderttausende von Kreuzerstükken rollten in den Amtsraum. Der betreffende Vorsteher erschien und beschwerte sich in bewegten Worten: »Aber bitte, Herr Graf, das kann ich unmöglich annehmen. Ich bitte, diese Kreuzersintflut sogleich wieder einzuschaufeln und mitzunehmen.« Der unglückliche Beamte kam bei Janko Voikffy schlecht an: »Was erlauben Sie sich für ungeheure Frechheiten? Haben Sie und ihr sauberes Amt mich nicht Jahre hindurch penetriert, ich soll endlich meine Steuern nachzahlen? Ich zahl sie jetzt, und zwar mit Kreuzern. Ist das vielleicht kein gültiges Geld. Habts mich gern und zählts die Kreuzerstücke, bis ihr Grünspan an den Fingern kriegts.«

Als noch sein Vater lebte und zwei jüngere Brüder im Hause waren, stand es mit dem Bargeld auch nicht immer zum Besten. Einmal saßen der alte und die drei jungen Grafen zusammen und zerbrachen sich die Köpfe, wie man am besten und vor allem am schnellsten zu möglichst vielen Gulden kommen könnte. Plötzlich fiel Janko was ein: »Du, Papa, im Turm da hängen doch die silbernen Glocken. Die werden doch eh nie geläutet. Die könnten wir abnehmen und verkaufen.« Seine gräfliche Gnaden schüttelte entsetzt den Kopf: »Um Gottes Willen, Kinder, liebe Kinder, ihr könnts Euch doch nicht an den geweihten Glokken unseres lieben Herrgott vergreifen. Also bitte, so etwas würd ich nie und nimmer zulassen. Das schlagts Euch aber sofort aus dem Kopf.« Am späteren Morgen saßen die drei hoffnungsvollen Sprossen des Hauses Voikffy beim Frühstück. Der alte Graf war nicht anwesend. Endlich fragte einer der jungen Herren: »Du, Josko, wo ist der Papa heute?« der Diener antwortete beflissen: »Der alte Herr Graf sind sich heute schon früh nach Zagreb gefahren.« »Davon hat er aber doch gestern gar nix gsagt!« »Na ja, bitte, der Herr Graf haben herabnehmen lassen die Glokken und haben dieselben mit sich genommen.« »Ah, daher weht der Wind.« Als der greise Graf am späten Abend ohne Glocken, aber mit wohlgefüllter Brieftasche wieder heimwärts fuhr, ist er plötzlich von drei Banditen aufgehalten worden, die ihn um seine gesamte Barschaft erleichterten. Die Räuber hatten geschwärzte Gesichter. Kurz danach sind die Brüder Voikffy nach Budapest gefahren und haben dort eine Zeit hindurch äußerst lustig gelebt.

Die Finanzmiseren wollten gar kein Ende nehmen. Der alte Graf war verstorben, die Glocken waren bekanntlich verkauft, die Situation war recht ungemütlich. Janko Voikffy wußte nicht mehr aus noch ein. Da riet ihm ein guter Freund und Regimentskamerad: »Du mußt eben einfach heiraten. Da hilft alles nix. Ich hätt da eine, die würde passen. Sie ist die Tochter von einem süddeutschen Standesherrn. Eigentlich ganz hübsch, ein bissel so Bild ohne Gnaden, aber Geld wie Heu.« Nach längerem Hin und Her ließ sich der Graf aus Kroatien breitschlagen. Er wirde dr erlauchten Comtesse vorgestellt. Bei sich dachte er: »Teufel, schlecht schaut die ja wirklich nicht aus. Ein bissel kalte Pracht, da hat der Elek schon recht ghabt. Aber wie immer.« Seine Erlaucht, der alte Altgraf samt Tochter, wurden nach Kroatien geladen. Der Termin der Hochzeit ist festgesetzt worden. Zuletzt war die ganze Verwandtschaft in der Patronatskirche versammelt. Der geistliche Herr richtete nach einer zu Herzen gehenden Ansprache die bekannte Frage an Voikffy: »Willst Du die hier Anwesende usw., usw.« Janko Voikffy zögerte einen Moment, und dann sagte er in die feierliche Stille des Gotteshauses laut und vernehmlich die Worte: »Aber nein, fallt mir ja gar nicht ein.« Sprachs und verschwand.

Über Madjaren, Kroaten und Böhmen darf man die »österreichischen« Polen nicht vergessen. Mit den Titeln nahm man es im Königreich Galizien und Lodomerien nicht so genau. Anläßlich eines Manövers war Rittmeister Graf Sigismund Beroldingen von den Zweier Dragonern bei einem polnischen Gutsbesitzer im Quartier. Nach einem ziemlich anstrengenden Tag erreichte Zsiga Beroldingen das gastfreie Schloß. Sogleich erkannte er, daß offensichtlich ein rauschendes Fest eben seinen Anfang nahm. Er fragte einen der vorbeieilenden Diener: »Was ist bei Euch los? Hat wer Geburtstag?« Der Diener erwiderte strahlend: »Nein, Pan Rittmaistr, nix Geburtstag. Unser Herr Graf ist heute Baron geworden.«

Fürst Joseph Poniatowski war nicht allein der Sohn eines k.k. Generals. Er hatte in seiner Jugend selbst in der schwarz-gelben Armee gedient. Sodann war er polnischer General und Kriegsminister und zuletzt Marschall von Frankreich geworden. Der strahlende Kriegsmann ritt seines Weges. Da stand eine alte Zigeunerin unter einem Baum. Sofort machte sich das Weib erbötig, dem jungen Herrn aus der Hand wahrzusagen. Der Fürst wollte eigentlich nicht: »Das ist doch alles dummes Zeug.« Zuletzt gab er doch seine Einwilligung. Mehr um der Alten auf diese Art diskret ein Trinkgeld geben zu können. Die Zigeunerin betrachtete die Handfläche: »Sie werden sehr hoch steigen. Aber zuletzt wird Sie ein kleiner Vogel töten.« Poniatowski lachte und dachte nie mehr an die Weissagung. In der Schlacht bei Leipzig deckte er mit seinen Truppen den Rückzug des Kaisers der Franzosen. Fürst Poniatowski wurde verwundet und ertrank in der — Elster.

Einer der größten Grundherrn in Galizien ist Graf Potocki gewesen. In der Frühzeit der Familie Rothschild — damals war deren gesellschaftliche Stellung noch keineswegs so gefestigt wie in späteren Tagen — gab der frischgebackene Freiherr von Rotschild ein Essen für mehrere hundert Personen. Neben vielen anderen Mitgliedern der Wiener Haute Voleé war auch Graf Potocki geladen. Der Hausherr begrüßte seine Gäste in der überdimensionalen Halle seines Palais. Dem Grafen aus Galizien rief der Baron aus Frankfurt entgegen: »Das freut mich aber ganz ungemein, lieber Alfred, daß Sie meiner Einladung gefolgt sind.« Potocki erzählte den Vorfall dem Kaiser. Auf dessen Frage: »Was haben Sie ihm denn geantwortet?«, bemerkte Graf Potcki trocken: »Ich habe Rothschild nach seinem Taufnamen gefragt.«

Gräfin Kulmer zum Rosenpichl und Hohenstein begab sich nach Wien zu einer Entbindung. Die Familie kam aus Kärnten, ist jedoch schon seit geraumer Zeit im Dreieinigen Königreich Kroatien ansässig und dort sehr angesehen gewesen. Die Gräfin wünschte ihrer schweren Stunde im Sanatorium Löw entgegen zu sehen. Dieses Etablissement galt als gesellschaftlich besonders elegant, medizinisch besonders gut und auf alle Fälle für ungewöhnlich teuer. Nach vollbrachter Tat rüstete sich die Gräfin zur Heimfahrt.

An einem der letzten Tage besuchte eine Freundin sie. Da meinte Gräfin Kulmer: »Ich war auf einiges gefaßt. Aber wie ich die Rechnung gesehen hab, da bin ich beinahe – rezitiv geworden.«

»Das Wiener Salonblatt« ist bis zum Jahre 1938 die Monatszeitschrift für alle jene gewesen, die dazugehörten oder doch dazu gehören wollten. Sämtliche Hochzeiten, Geburten und Sterbefälle sind – je nach Rang – kürzer oder länger behandelt worden. Manchmal waren die Formulierungen ein wenig sonderbar. Es hieß zum Beispiel: »Baronin Renate Puteani begab sich zu seinem Sejour in den Wörthersee.« Vor allem ist aller mehr oder weniger erlauchter Geburten ausführlich gedacht worden. Dabei wurde gerne die Formulierung gebraucht: Sie hat Ihm oder Er hat Ihr oder Sie haben Sich einen Sohn oder eine Tochter oder meinetwegen Zwillinge geschenkt. Diese Ausdrucksweise veranlaßte den berühmten Rechtsgelehrten Prof. Dr. Wenzel Graf von Gleispach zu folgendem Ausspruch: »Das ist einfach eine Verwirrung von einem Begriff des Zivilrechtes. Eine Schenkung ist eine Leistung ohne Gegenleistung. Also kann Er Ihr keinesfalls ein Kind schenken, weil Sie auf alle Fälle etwas dazu tun. Sie kann aber Ihm nur dann ein Kind schenken, wenn Sie ganz genau weiß, daß Er mit Sicherheit nichts dazu getan hat.«

Die Großmächte unterhielten bis zu dem Beginn des Ersten Weltkrieges in Konstantinopel sogenannte Stationsschiffe. Diese waren Kriegsfahrzeuge, die oder deren Mannschaften die respektiven Staatsbürger zu schützen hatten wenn wieder einmal irgendein Aufstand, Boykott oder Pogrom ausgebrochen war. Es ist nur natürlich gewesen, daß sich die Kaiserlich deutschen und die k.u.k. Offiziere besonders gut vertrugen und – schon aus sprachlichen Gründen – viel miteinander verkehrten. Auf dem österreichisch-ungarischen Schiff befanden sich drei junge Offiziere mit Namen, die für »reichsdeutsche« Zungen zweifellos schwierig waren. Die drei Herren hießen: Budisavlijevic von Priedor, Chrisomali und Lutterotti. Die »blauen Jungs« waren einfallsreich. Sie nannten die drei Österreicher: Buddha, Christus und Luther.

Unter anderem tat Graf Karl Lanjus von Wellenburg Dienst auf einem der Stationsschiffe. Er wurde bei einem Pascha zu Gast geladen. Der hohe osmanische Würdenträger zeigte dem österreichischen Seeoffizier seinen Palast. An der Wand hing eine wunderbare Damaszenerklinge, leicht gebogen, die rote Lederscheide mit einer flotten Troddel verziert. Der Pascha erzählte, mit dieser Waffe habe ein Kurdenhäuptling ihm den linken Arm abgeschlagen. Nur durch das Dazwischentreten seines Leibhayduken wäre sein – des Paschas – Leben gerettet worden. Graf Lanjus bewunderte die Waffe. Da nahm sie der Türke von der Wand und sagte: »Der Säbel gehört Dir!« Der Österreicher erklärte sich außer Stande, diese so überaus kostbare Waffe, die noch dazu für den Pascha einen so besonderen persönlichen Wert darstellte, anzunehmen. Der Osmane schien sich mit der Erklärung zufrieden zu geben. Kurze Zeit danach ist das k.u.k. Stationsschiff abgelöst worden. Als es das Goldene Horn beinahe schon hinter sich hatte, wurde es von einem türkischen Motorboot erreicht. Der Steuermann des Bootes übergab ein Paket und drehte ab. Das Päckchen war an den Grafen Lanjus adressiert. Er öffnete es und fand den Kurdensäbel darin mit einigen freundlichen Worten des Paschas. Die Waffe hing bis 1945 in dem Schlößchen Haindorf in Niederösterreich. Zu dieser Zeit fand sie das Interesse eines sowjetischen Befreiers. Vielleicht war der Rotarmist Kurde. Dann ist der Säbel wieder dorthin zurückgekehrt, von wo er herstammte.

Drei Admirale bummelten auf der Riva in Pola – heute Pula –, dem Hauptkriegshafen der k.u.k. Marine: Freiherr Bourguignon von Baumberg, Ritter von Kohen und der eben erwähnte Graf Lanjus von Wellenburg. Sie sahen sich bis zu einem gewissen Grade ähnlich. Alle drei waren relativ hochgewachsen, schlank, dunkeläugig und schwarzbärtig. Sagte der Ritter: »Ich hab da einen Leutnant, der paßt mir gar nicht.« Meint der Freiherr: »Dann sperr ihn doch ein.« Erwidert Herr von Kohen: »Aber er hat doch gar nix angstellt.« Höhnt der Graf: »Ja, wenn Du darauf wartest.«

Der italienische Diplomat Daniele Varé berichtet von einem k.u.k. Seeoffizier, der damals als Marineattaché in Peking Dienst tat. Der Mann stammte aus

Fiume – heute Rijeka, beides bedeutet Fluß –, dort lernte man die deutsche, die italienische, die ungarische und die kroatische Sprache gewissermaßen gleichzeitig. Der Österreicher sprach jede dieser Idiome mit dem Akzent des jeweils anderen. Er war – meinte Varé – der einzige wirkliche Kosmopolit, den er – der weitgereiste Diplomat – je gesehen habe.

Zu irgendeiner Weltausstellung lief ein k.u.k. Kriegsschiff den Hafen von Buenos Aires an. Der Besatzung fiel auf, daß allüberall Handelsschiffe ausgemacht werden konnten, die auf dem Kamin ein dickes, blaues »M« trugen. Endlich fragten die Österreicher irgendwelche Eingeborene: »Was heißt denn dieses ›M‹ da überall auf den Schiffen?« Die Argentinier waren ganz erstaunt: »Mihanovich natürlich!« Da staunten die Marineure. Ein dalmatinischer Matrose war aus seiner Heimat ausgewandert und in Argentinien gelandet. Zuerst tat er wieder als Seemann Dienst. Zuletzt war er, wenngleich des Lesens und Schreibens bis an sein seliges Ende unkundig, einer der größten Reeder des Landes. Der erfolgreiche Analphabet starb als k.u.k. Generalkonsul Nikolaus Freiherr Mihanovich von Dolskidol. Nicht allein Nordamerika ist das Land der unbegrenzten Möglichkeiten.

Bei derselben Reise wurde ein großer Empfang an Bord gegeben. Einer der jüngeren Herren aus Österreich empfing die Gäste am Fallreep. Er machte sich den Spaß, alle ohne jede Ausnahme mit den lapidaren Worten: »Sevas, Maxl!« zu begrüßen. Die Argentinier, der deutschen Sprache nicht mächtig, hielten diese Worte für einen freundlichen Willkomm und erwiderten ebenso herzlich. Zuletzt trat ein eleganter älterer Herr an Bord. Der Linienschiffsleutnant wiederholte seinen stereotypen Spruch. Der Kavalier schmunzelte ein wenig und meinte: »Sehr nett, Herr Leutnant. Ich bin nämlich der deutsche Gesandte.«

Ein besonderes Original in der k.u.k. Flotte ist Freiherr von Spaun gewesen. Er brachte es zuletzt zum Admiral und Marinekommandanten. Der Baron war nicht nur ein hervorragender Seemann, sondern auch ein ganz ungewöhnlich trinkfester Mann. Sechs bis acht Flaschen Weines pro Tag waren sein normales Quantum; wenn des Abends getrunken werden sollte, stieg der Konsum dementsprechend. Ein großbritannisches Schiff war den Hafen von Pola angelaufen. Selbstverständlich machten die Engländer auch bei Admiral von Spaun Besuch. Ihnen war natürlich das ungeheure Fassungsvermögen des Oberösterreichers bekannt. Sie dachten sich etwas aus, um Spaun vielleicht doch unter den Tisch trinken zu können. Zum Essen gab es verschiedene Weine. Kaum aber war abgetragen, als die Briten nach Whisky verlangten. Sie meinten, von diesem Getränk mehr verkraften zu können, mehr selbst als ein äußerst trinkfester Festländer. Freiherr von Spaun kam dem Wunsch seiner Gäste sogleich nach. Nach mehreren Stunden war ein Brite nach dem anderen unter den Tisch gesunken. Endlich saß der Admiral allein an der Tafel. Da meinte er trocken zur Kasinoordonnanz: »Bringens endlich ein paar Falschen Wein. Mit diesem Wanzenwasser versaut man sich ja den ganzen Magen.«

Fregattenkapitän Freiherr von Eiselsberg – der Bruder des großen Chirurgen – stand bereits kurz vor der Pensionierung. Admiral Baron Spaun inspizierte das Schiff des Fregattenkapitäns. Er fand allerlei auszusetzen. Als er den Maschinenraum verließ, stieß er sich den Kopf an. Da meinte Eiselsberg zu seinem Nachbarn: »Hast Du gehört, wie es hat hohl geklungen?« Der Nebenmann flüsterte: »Das Wort wird Dir der Spaun nie vergessen.« Freiherr von Eiselsberg erwiderte ebenso laut wie ungerührt: »Ich steh ja eh auf der Abschußliste. Was kann mir der schon?«

Als Gegenstück: Leutnant Holm von Reutter, dessen Familie kürzlich aus dem Königreich Sachsen eingewandert war, diente in einem k.u.k. Husaren-Regiment. Die Einheit ist von dem General Freiherr von Kirchbach auf Lauterbach inspiziert worden. Kirchbach stammte erstaunlicherweise desgleichen aus Sachsen und galt als überaus scharfer Herr. Irgend etwas paßte dem General nicht. Er rief: »Reutter«; es passierte nichts. »Leutnant Reutter«; Effekt gleich Null. »Leutnant von Reutter«; abermals Fehlanzeige. Endlich titulierte der alte den jungen Herrn völlig korrekt: »Herr Leutnant von Reutter, wollen Sie bitte zu mir kommen.« Sogleich erschien der eine österreichische Sachse vor dem anderen österreichischen

Sachsen, nahm seinen Rüffel entgegen und verschwand wieder. Einer der Kameraden meinte bedenklich: »Du, das kann Dich was kosten.« Erwiderte Holm von Reutter flott: »Was will der Kirchbach mir schon? Ja, wenn ich ein alter Stabsoffizier wär. Aber so! Der kann mich doch schlecht als Leutnant pensionieren.«

Karl Graf von Huyn, genannt Karl der Große, war ein leidenschaftlicher Kavallerist und ein sehr standesbewußter Aristokrat. Im übrigen ist er der letzte k.k. Statthalter im Königreich Galizien gewesen. Er residierte in Lemberg – Lwow –, die Stadt war damals österreichisch, sodann polnisch, sodann sowjetisch, sodann deutsch und nun augenblicklich wieder sowjetrussisch. Huyn hatte ein neues Kommando in einer böhmischen Stadt übernommen. Er wollte dort eine Villa mieten. Als Eigentümer des Landhauses stellte sich ein deutschnationaler Reichsratsabgeordneter heraus. Karl Graf Huyn hielt sich nicht lange mit Vorreden auf. Er fuhr den Politiker an: »Also was is? Ich bin alles das, was Sie nicht wollen: General der Kavallerie, Graf und Kämmerer. Geben Sie mir jetzt die Villa oder nicht?«

Ein Mann aus der Wirtschaft hörte auf den Namen Graf. Er war erfolgreich und wurde geadelt. Diese Tatsache ist natürlich im Amtsblatt veröffentlicht worden. Sein Prokurist begrüßte ihn sogleich, als er am Morgen ins Geschäft kam, mit einem devoten: »Schenen guten Morgen, Herr ›von‹ Graf.« Da meinte der Industriekapitän lässig: »Mein lieber Prohaska, wir kennen uns doch schon so lang. Sie können zu mir ruhig weiter ›Herr Graf‹ sagen.«

Theodor Sickel ist der Sohn eines Pastors aus dem Norden Deutschlands gewesen. Er gehörte zu den führenden Wiener Historikern. Unter anderem ist er der Begründer des berühmten »Instituts für österreichische Geschichtsforschung«. In einer langen und erfolgreichen Laufbahn hatte er es zum Hofrat – der Titel wog damals noch etwas – und Universitätsprofessor gebracht. Anno 1884 ist ihm der Leopold-Orden verliehen worden. Somit konnte er um den erblichen Ritterstand einkommen. Als der Kaiser das Gesuch sah, meinte er etwas skeptisch: »Hörens einmal, kann man denn eigentlich einem Büchelschreiber den Adel verleihen? Vielleicht schenk ma ihm doch lieber a goldene Uhr.« Tatsächlich ist von 1701 bis 1918 an rund 8.500 Offiziere und Beamte und nur an 520 Künstler und Wissenschaftler der Ritterstand verliehen worden.

Der Monarch besuchte eine Kunstausstellung. Eines der Portraits stellte einen Minister dar. Der Staatsmann trug das breite blau-gelb-blaue Band des Ordens der Eisernen Krone über der Brust. Auf die Frage, wie das Bild gefiele, antwortete der Kaiser etwas indigniert: »An sich ganz gut. Aber das Blau von dem Ordensband ist nicht richtig getroffen.« Der desgleichen anwesende Künstler bemerkte entschuldigend. »Majestät, der Farbton ist durch den Lichteinfall entstanden.« Daraufhin wandte sich Franz Joseph mit merklicher Schärfe an den Portraitisten: »Nein, nein, mein Lieber, unsere Ordensbänder sind unter Garantie farbecht.«

Nicht selten besuchte einer der kleineren Balkanfürsten die Donaustadt. Die Monarchen waren meist in nicht unbeträchtlicher Geldverlegenheit. Für derartige Visiten trug die kaiserliche Privatschatulle sämtliche Kosten. Wie böse Zungen behaupteten, war auch die Entlausung der zur Verfügung gestellten Einheiten der k.u.k. Kriegsmarine mit einbegriffen. Zu Ehren eines der Berg-Fürsten wurde – wie es bei Staatsempfängen offensichtlich unvermeidlich ist – auch eine Oper zu Gehör gebracht. Der Fürst zeigte bedenkliche Anzeichen hochgradiger Interesselosigkeit. Das einzige, was ihm gefiel, waren die Mädchen vom Ballett. In der Pause fragte der Balkan-Häuptling zielstrebig und ohne jede Hemmung: »Was kann so ein Mädel kosten?« Der Kaiser war völlig überfragt. Er wandte sich an einen der Herren seiner Umgebung. Dieser antwortete diskret: »Na ja, ein paar 100 Kronen.« Der südöstliche Potentat war entrüstet: »Was, das ist viel zu teuer. Um das Geld kriegt man bei uns schon eine echte Ehefrau.« Da wandte der Kaiser von Österreich seinen Blick Gott ergeben auf einen seiner Flügeladjutanten und murmelte: »Machens das irgendwie. Es geht auf meine Rechnung.«

Die Tiroler sind ein deutscher Stamm, der auf eine lange demokratische Tradition zurückblickt. Seit

Jahrhunderten saßen auch die Bauern im Landtag. In den anderen Fürstentümern war diese Institution nur der Geistlichkeit, dem hohen und dem niederen Adel vorbehalten. Die Landesbewohner fühlten und fühlen sich in erster Linie als Tiroler. Im »Heiligen Land Tirol« ging folgender Spruch um: »Daß unser Landesherr, der Graf von Tirol, nebstbei auch Kaiser von Österreich ist, ehrt uns.« Anläßlich einer Truppenbesichtigung besuchte der Kaiser die Tiroler Landeshauptstadt Innsbruck. Zu seinem Empfang war eine Kompanie »Kaiserjäger« angetreten. Als der Monarch den Phaeton verließ, stolperte er ein wenig. Prompt trat ein Kaiserjägerzugführer vor, hielt Franz Joseph I. eine Faust und einen Unterarm von den Ausmaßen eines Dampfhammers entgegen und sagte respektvoll strahlend: »Halt Di an, Herr Graf.«

Das Land erbittertster politischer Kämpfe ist das Königreich Böhmen und die ihm inkorporierten Lande – die Markgrafschaft Mähren und das Herzogtum Schlesien – gewesen. Deutsche und Tschechen bekämpften sich seit Jahrhunderten mit wechselndem Erfolg. Über die unterschiedlichsten Probleme – vor allem die Sprachenfrage – stürzte mehr als ein Kabinett in Wien. Mit dynastischen Gefühlen war es im Königreich nicht weit her. Die Deutschen fühlten deutsch – und die Tschechen tschechisch-national. Franz Joseph war keineswegs ein besonderer Freund der Tschechen. Die Sudetendeutschen – Deutschböhmen sagte man damals – liebte er aber auch nicht sonderlich. Sarkastisch, aber auch resignierend, bemerkte er: »Die Deutschböhmen haben den preußischen Charme und die österreichische Tüchtigkeit.«

Der Kaiser von Österreich ist für seine Person ungewöhnlich genügsam gewesen. Er schlief in einem Militärbett, er aß und trank wenig und verfügte über eine durchaus nicht aufwendige Garderobe. Diese Einfachheit bezog sich aber nur auf ihn selbst. Galt es zu repräsentieren, konnte nichts ausgesucht und teuer genug sein. Einer der reichsten Monarchen Europas aß jahraus jahrein eine klare Rindssuppe, gekochtes Rindfleisch mit Gerösteten – Bratkartoffeln – und Spinat. Dazu ist ihm ein dünner, nichtssagender Landwein serviert worden. Die meisten Mahlzeiten nahm er im Kreise irgendwelcher Gäste zu sich. Diese Herren wurden auf das Allerbeste aus der kaiserlichen Küche bewirtet. Allein, die zahlreichen Gänge und die vorzüglichen Weine kamen gar nicht zur Geltung. Der Hofetikette folgend, ist dem Monarchen natürlich als erstem vorgelegt worden. Er hatte wenig zu bewältigen und aß zu allem Überfluß auch noch sehr rasch. War der Kaiser jedoch mit einem Gang fertig, wurde augenblicklich der nächste serviert. Die dem Imperator zunächst saßen, bekamen immerhin noch irgendetwas auf den Teller. Die jüngeren Herren an den entfernteren Enden der Tafel sahen von den kulinarischen Herrlichkeiten so gut wie nichts. Diese betrübliche Tatsache war allgemein bekannt. War daher jemand zur Hoftafel befohlen, so speiste er vorher ausreichend im Hotel Sacher, um »an des Kaisers reichgedecktem Tisch nicht zu verhungern.«

Als der Erste Weltkrieg begann, war die allgemeine Ansicht, der Feldzug werde sehr rasch zu Ende gehen: Längstens bis Weihnachten – 1914 – ist der Feind geschlagen und das siegreiche Heer zieht wieder in die Heimat. Im ersten Kriegswinter stand es an der österreichisch-ungarischen Ostfront nicht allzu gut. Was sollte man tun? Der Vorstand der k.u.k. Militärkanzlei, General Bolfras von Ahnenburg, schlug vor, der Kaiser in eigener Person sollte die Truppen an der Front besuchen und ihnen durch seine allerhöchste Anwesenheit neuen Kampfgeist einflößen. Der enge Vertraute des Monarchen machte Franz Joseph I. mit dem Plan bekannt. Der Kaiser stand damals im fünfundachtzigsten Lebensjahr. Er war allmählich doch etwas müde geworden. Daher meinte er skeptisch: »Glaubens wirklich, Bolfras, daß so was etwas nützen tät? Wo stehen denn die Russen eigentlich?« Auf die betretene Auskunft, die Heere des Zaren seien eben im Begriffe, in die ungarische Tiefebene hinabzusteigen, meinte der Kaiser mit dem Anflug von Galgenhumor: »Na, sehens, so weit sind die schon. Wart ma noch ein bissel, dann können wir mit der Elektrischen zur Frontbesichtigung fahren.«

Die Familie des mächtigen Chefs der Militärkanzlei – die Bolfras also – stammte ursprünglich aus Frankfurt an der Oder. Anfang des 19. Jahrhunderts sind sie in Österreich mit dem bemerkenswerten Prädikat »von Ahnenburg« geadelt worden. Später durften sie diesen Beinamen wieder ablegen, aber geheißen haben sie doch so. Einer der Söhne des Generalobersten diente bei einem guten Ulanen-Regiment. Einer seiner Kameraden führte den eindrucksvollen Adelsnamen »Dragoni von Rabenhorst«. Der junge Baron Bolfras fragte seinen Freund ironisch: »Du, sag einmal. Wo liegt denn eigentlich dieser Rabenhorst?« Der andere erwiderte schlagfertig: »Wo der Rabenhorst liegt? Gleich neben der Ahnenburg.«

Der Kaiser lebte noch zwei weitere Jahre. Kurz vor seinem Tode, der dann doch irgendwie überraschend kam, hatte er den Besuch eines hohen Staatsbeamten, der den Monarchen schon seit geraumer Zeit nicht mehr gesehen hatte. Der Würdenträger war ganz erstaunt über das gute Aussehen des Kaisers. Er sagte: »Majestät sind wirklich das Urbild der Rüstigkeit. Das Land hofft, daß Sie uns noch lange erhalten bleiben.« Franz Joseph I. aber winkte ab und meinte: »Täuschen Sie sich nicht. Ich leide an der allerschlimmsten Krankheit, die es gibt — am Alter.«

Wer hat je schon den Namen »Kiss de Ittebe« gehört? Unter 1000 Menschen findet sich gewiß kaum einer, der hinter dem madjarischen Adelsnamen die Freundin des Kaisers, die Burgschauspielerin Katharina — genannt Kathi — Schratt vermuten würde. Diese Kathi war die Tochter eines Bäckermeisters aus Baden bei Wien. Sie wollte unter keinen Umständen den ersten Gesellen ihres Herrn Vaters heiraten und ihr Leben lang hinter der Pudel stehen und Semmeln verkaufen. Deshalb brannte sie mit 17 Jahren durch. So »progressiv-fortschrittlich« ist das Durchbrennen offensichtlich gar nicht. Sie ging nach Wien und erhielt von dem berühmten Burgtheaterdirektor Heinrich Laube aus Preußisch-Schlesien tatsächlich eine Rolle. Bald danach ist sie mit dem Grafen Heinrich Chorinsky bekannt geworden. Der war unsterblich in die Kathi verliebt. Er dachte allen Ernstes daran, sie zu heiraten. Der Graf und die Bäckerstochter war für damalige Verhältnisse eine ganz und gar unmögliche Zusammenstellung. Erstaunlicherweise verließ aber nicht der Graf die Schratt. Ganz im Gegenteil. Die Schratt ließ den Grafen sitzen. Sodann tat sich die Schauspielerin mit dem Charakterdarsteller Alexander Girardi zusammen. Zuletzt vermählte sich die bereits sehr bekannte Kathi mit dem ungarischen Baron Kiss de Ittebe. In Wien wurde eine Vierzehnzimmerwohnung genommen. Das Ehepaar lebte in Saus und Braus. Eine Weile ging das Unternehmen ganz gut. Endlich aber hatte die Kathi Schulden in der Höhe von 30.000 Gulden. Nach heutigem Geld wären das etwa eine Million österreichischer Schillinge oder rund 150.000 Deutsche Mark. Alle Welt, die sich für die Bühne interessierte — und wer tat das in Wien nicht — bemühte sich, die Schratt der Kaiserstadt zu erhalten. Auf welche Art immer, es sind 23.000 Gulden aufgebracht worden. Die restlichen 7.000 aber waren einfach nicht aufzutreiben. Da kam der Direktor der k.k. Familienfondsgüter — ein Baron Mayr — auf die Idee, dem Kaiser die ganze Sache vorzutragen. Er versuchte Franz Joseph I. zu erklären, wie wichtig es doch wäre, eine so bedeutende Schauspielerin der Reichshaupt- und Residenzstadt zu erhalten. Kurzum, Freiherr von Mayr ersuchte den Kaiser, die notwendige Summe zur Verfügung zu stellen. Der Monarch überlegte kurz und stimmte dem Plan zu. Baronin Kiss oder Frau Schratt oder die Schratt oder einfach die Kathi nahm das Geld gerne an. Im Rahmen einer Audienz sollte sie sich für die noble Geste des Imperators bedanken. So lernte der Kaiser die Kathi kennen.

Die Schratt hatte die Dankesworte, die sie dem Monarchen entbieten wollte, bestens memoriert. Als sie jedoch dem Kaiser gegenübertrat, bekam sie Lampenfieber, der wohl einstudierte Text entschwand ihrem Gedächtnis – und es war kein Souffleur weit und breit. Sie verhaspelte sich also rettungslos. Als Franz Joseph näher zu ihr hintrat, war es mit ihrer Selbstbeherrschung vorbei. Die Kathi stammelte nur noch: »Jessas, es war so schön, was ich hab sagen wollen. Aber jetzt hats mir ganz die Red verschlagen. Tatsächlich, Exzellenz, i was nimmer, was i hab sagen wollen.« Die Audienzen dauerten normalerweise höchstens einige Minuten, diese Audienz währte jedoch wesentlich länger. Kurz danach bekam Frau Schratt das Dekret, welches sie zur Hofburgschauspielerin beförderte. Wieder ist eine Audienz fällig gewesen. Auch diese dauerte lange über die Normalzeit hinaus. Der Kaiser ließ der Kathi anschließend mitteilen, er unterhalte sich mit ihr so gut. Sie möchte daher öfters kommen.

Damit war die Freundschaft begründet. Der Kaiserin machte das Unternehmen nichts aus. Sie war meist ohnehin nicht in Wien, und wenn, dann störte sie die Schratt am allerwenigsten. Baron Kiss de Ittebe ist als Generalkonsul nach Barcelona versetzt worden. Baronin Kiss, geb. Schratt, aber bekam eine jährliche Apanage von 30.000 Gulden. So war eigentlich alle Welt mit dem Gang der Dinge zufrieden. Der Kaiser besuchte Frau Schratt häufig in Wien, aber auch in Ischl. Bei den Zusammenkünften ging es überaus korrekt zu. Der Monarch sagte »Gnädige Frau«, und die Burgschauspielerin hatte sich von der Anrede »Exzellenz« an die richtige »Majestät« umgewöhnt. Nur manchmal entschlüpfte ihr ein »Gelt, Franzl«. Diesen faux pas versuchte sie aber sogleich mit dem Ausruf »Was hab ich jetzt schon wieder angstellt«, aus der Welt zu schaffen.

Der Kaiser wünschte, den bedeutenden Charakterschauspieler Alexander Girardi kennenzulernen. Die Schratt war ja von früher her gut mit dem Kollegen bekannt. Die Zusammenkunft fand in der Ischler Villa der Schauspielerin statt. Als Franz Joseph erschien, ging es Girardi nicht anders wie einst der Schratt. Er war verlegen, gehemmt und brachte kein Wort hervor. Der Kaiser schien etwas erstaunt und meinte: »Ich habe gehofft, von dem berühmten Komiker unterhalten zu werden.« Daraufhin sagte der Mann aus dem Volke: »Sie haben leicht reden. Haben Sie schon einmal mit einem Kaiser gejaust?« Darüber brach Franz Joseph natürlich in lautes Gelächter aus. Das Eis war gebrochen. Die Konversation ist ab diesem Zeitpunkt überaus flüssig gewesen.

Alexander Girardi stammte aus einfachsten Verhältnissen. Sein Vater war aus den oberitalienischen Provinzen nach der Steiermark eingewandert. Er betrieb in Graz in der Leonhardstraße eine kleine Schlosserei. Als Alexander Girardi berühmt geworden war, machte sich ein Berufsgenealoge an ihn heran und teilte dem Schauspieler mit höchst bedeutsamer Miene mit, er wäre imstande nachzuweisen, daß er – Alexander Girardi – altadliger Abstammung wäre. Tatsächlich gibt es eine Familie Freiherr Girardi von Castell aus Mori im Tiroler Süden. Alexander überlegte sich das Angebot und sagte dann in milde ablehnendem Ton: »Wissens, ich glaub nicht, daß damit viel gwonnen ist. Schauns, wenn dann auf dem Theaterzettel steht: Ein Depp – gespielt von Baron Girardi. Sagens selber, tät sich das gut machen?«

Bei einem seiner Besuche wurde der Kaiser von der Schratt auf eine eben erworbene Perlenkette aufmerksam gemacht: »Wie gefällt die Ihnen, Majestät?« Der Kaiser betrachtete das Kollier mit ziemlich verständnislosem Blick und meinte: »Tatsächlich ein sehr schönes Stück.« Auf die Frage, wieviel die Perlenkette nach seiner – des Monarchen – Meinung gekostet haben könnte, antwortete Franz Joseph I. ahnungslos: »Na ja, vielleicht 50 Gulden?« Die Schratt war ganz aus dem Häuschen: »Aber um Gottes willen, das ist doch eine echte Perlenkette. So was kostet doch viel, viel mehr. Für die hab ich 3.000 Gulden hingelegt.« Der Kaiser schüttelte das Haupt und meinte, nicht besonders von dem Temperamentsausbruch seiner Freundin beeindruckt: »Was Sie nicht sagen, 3.000 Gulden hat die Kette gekostet. Wenn mans so bedenkt, eigentlich auch nicht teuer.«

Die Schratt und Baron Kiss hatten einen Sohn. Anton Freiherr Kiss von Ittebe war in der elegantesten Schule erzogen worden, die verfügbar gewesen ist: der Theresianischen Ritter-Akademie in Wien, kurz genannt das »Theresianum«. Sodann ergriff er den vornehmsten Beruf, der zu ergreifen war. Er wurde – man wäre fast geneigt zu sagen, natürlich – Diplomat. Gelegentlich eines Revirements wurde Toni Kiss nach Stockholm versetzt. Der Königlich Schwedische Hof und das »Venedig des Nordens« galten damals als weit weniger attraktiv als heute. Der junge Herr wollte um jeden Preis woandershin. Wozu hat man schließlich Verbindungen. Also setzte sich der Sohn hin und schrieb an die Mama. Die Schratt war ebenso wie alle übrigen Mütter, stets bereit, alles für ihren Sohn zu unternehmen. Als der Kaiser das nächste Mal zu Besuch kam, unterbreitete sie ihm den innigen Wunsch ihres Sohnes. Der Imperator nahm das Ansinnen wohlwollend zur Kenntnis. Er versicherte: »Selbstverständlich. Ich werde gleich mit dem Außenminister reden.« Wenige Tage danach teilte der Monarch seiner Freundin etwas beklommen mit, er habe sogleich mit dem Minister des k.u.k. Hauses und des Äußeren Rücksprache genommen. Leider müsse er jedoch mitteilen, daß augenblicklich aus personaltechnischen Gründen an eine Versetzung nicht gedacht werden könne. Frau Schratt nahm die Mitteilung zur Kenntnis. Sie gab sich jedoch keineswegs geschlagen. Nach kurzem konnte sie Franz Joseph strahlend mitteilen: »Es ist mir doch gelungen, den Toni von Stockholm nach Brüssel versetzen zu lassen.« Die belgische Hauptstadt galt damals als ein äußerst heiterer Platz. Es regierte dort König Leopold, der im Volksmund »Cleopold« genannt worden ist. Seine Maitresse en titre hieß nämlich Cleo de Merode. Der Kaiser hörte sich die Meldung ganz ruhig an und fragte dann ehrlich interessiert: »Wer hat denn das zustande gebracht?« Frau Schratt erwiderte ein bißchen boshaft: »Diesen Freundschaftsdienst hat mir der Sektionschef Baron Falke-Lilienstein gemacht.« »So, so«, brummte Seine Apostolische Majestät. »Sehns, der Falke hat halt die besseren Beziehungen als ich.«

Erzherzog Ferdinand Max war nach Franz Joseph der nächste im Alter. Als Kinder vertrugen sich die beiden Brüder sehr gut. Herangewachsen war der zweitälteste Sohn der Erzherzogin Sophie, geb. Prinzessin von Bayern, von einer blond-blauen, ein bißchen weibischen Schönheit. Den Kaiser übertraf der Erzherzog vielleicht an Intelligenz. Aber er war von einer weichen, schwärmerisch-verschwommenen Art. Nie konnte er genau angeben, wie er die Welt in den Zustand völliger Glückseligkeit zu versetzen wünschte. Aber ihm war klar, daß er eigentlich zu solchem Tun auserwählt sei. Es mangelte ihm nur an Chancengleichheit, und die Gesellschaft verhielt sich ihm gegenüber nicht so, wie sie dies zu tun eigentlich verpflichtet gewesen wäre. In jungen Jahren vermählte sich Max mit der Prinzessin Charlotte von Belgien – aus dem Hause Sachsen-Coburg und Gotha. Eine Weile befaßte er sich als Oberkommandant ein wenig mit der k.k. Flotte. Sodann hielt er als Generalgouverneur des lombardo-venezianischen Königreiches zu Mailand Hof. Er hatte den sehnlichsten Wunsch, alles besser zu machen. Sein Eifer ist allein durch zwei Umstände gehemmt worden: Erstens mußte er sich an die Weisungen aus Wien halten, und zweitens waren die maßgebenden Lombarden erbitterte Gegner jeglicher deutscher Herrschaft über ihr Land. Sie sagten mit kaum verhülltem Haß, aber auch mit einer gewissen Herablassung: »Questi tedeschi – gnocchi patentadi.« »Diese Deutschen sind patentierte Knödel.« Max wollte es seinem Bruder, der ganzen Welt, vor allem aber sich selbst schon zeigen! Nur wußte er nicht recht wie! Da kam als deus ex machina Napoleon III., der Kaiser der Franzosen. Unter dessen Regie machte sich eine Abordnung von Mexikanern auf und bot dem jungen Erzherzog die Krone Montezumas an. Max erhielt die Erlaubnis, nach dem fernen kaiserlichen Diadem zu greifen. Allerdings mußte er zu diesem Zwecke aus dem »Allerhöchsten Erzhaus« ausscheiden. Zu diesem Zeitpunkt ist fast jedermann mit dem Gang der Dinge zufrieden gewesen.

Als Kind war Max lustig, frech, faul und überall beliebt. Bei Hofe ist, zur allgemeinen Belustigung, einmal ein Zwerg herumgezeigt worden. Der Bursch war 19 Jahre alt, ist aber dessen ungeachtet zwei Finger kleiner als der damals vierjährige Franz Joseph gewesen. Natürlich zeigte man den Zwerg auch den Brüdern Franzi und Maxl. Die beiden Knaben hatten für den Gnom offensichtlich keinerlei Verwendung. Als er wieder abserviert worden war, meinte Max halb belustigt, halb angeekelt: »Alti Kind.«

Einige Zeit hindurch durfte oder mußte Max mit seiner kleinen, später verstorbenen Schwester in einem Zimmer schlafen. Am Frühstückstisch erklärte er: »Ich bin ein Soldat und habe bei Marketenderinnen geschlafen. Das Dienstmädel ist eine Marketenderin, die Amme ist eine Marketenderin und das Schwesterchen ist ein kleines Küchenweib.«

Die Mutter beschreibt ihren zweitgeborenen Sohn: »Max ist sehr faul und schwätzt zuviel, weil seine lebhafte Phantasie ihn wider seinen Willen mit sich reißt. Er wird häufig ausgezankt, aber es ist, als spräche man zu einer Kuh. Doch ist er ein gutes Kind und gewinnt, leichtlebig wie er ist, allen Dingen eine gute Seite ab.«

Schon als kleiner Bub hatte Max eine merkliche Zuneigung zum anderen Geschlecht. Bei dem Fürsten von Metternich ist ein Kinderball veranstaltet worden. Maxi war einfach hingerissen. Er schnappte sich eine kleine Gräfin Hunyady und ging ihr nicht mehr von der Seite. Endlich kam es zur Quadrille. Diesen Tanz hatte der junge Mann aber noch nicht gelernt. Deshalb sagte er zu seiner Begleiterin: »Ich bin froh, daß ich Dich gefunden habe, jetzt lasse ich Dich nicht mehr aus. Du bleibst jetzt bei mir. Ich tanze keine Française, und Du darfst das auch nicht tun.«

Seine starke Einbildungskraft gaukelte ihm alles Mögliche vor. Häufig ertappte ihn seine Mutter bei Selbstgesprächen. Auf die Frage, was denn das eigentlich schon wieder heißen solle, antwortete der Knabe ganz unbefangen: »Ich habe einen Geist in meinem Kopf, mit dem spreche ich. Ebenso hab ich im Bett, wenn ich nicht einschlafen kann, zwei Damen. Sie heißen Louise und Caroline.«

Gelegentlich hatte Max den unstillbaren Wunsch, möglichst umgehend zu heiraten. Im passenden Alter war gerade niemand zur Stelle. Also entschloß er sich, mit seiner Schwester in den heiligen Stand der Ehe zu treten. Die war für ein derartiges Unternehmen auch gleich zu haben. Sie erklärte stolz und zufrieden: »Jetzt bin ich kein Mädchen mehr. Ich bin eine Frau, weil ich den Maxi geheiratet hab, und nun werde ich Erzherzogin Max heißen.«

Erzherzogin Sophie war wieder in anderen Umständen. Die Knaben waren davon unterrichtet, daß ihnen in absehbarer Zeit ein Geschwisterchen ins Haus stehe. Max war über diese Aussicht ganz aus dem

Häuschen. Er sagte: »Nicht wahr, Mama, ein Schutzengel bringt das kleine Kind. Die Kleider werden in der Wiege liegen, denn der Schutzengel muß das Kind anziehen.«

Der Knabe hatte sich eine leichte Erkrankung zugezogen. Er mußte das Bett hüten. Sein Pech war, daß gerade an diesem Tag wieder irgendwo ein Kinderball stattfand. Der Arzt verordnete das Ansetzen von Blutegeln. Max war nichts weniger als begeistert. Er versicherte seiner Mutter: »Sie können mir wirklich glauben, Mama, daß ich mich nicht fürchte. Es ist nur so grauslich, während der Franzi auf dem Ball tanzt, werden die Blutegel auf mir tanzen.«

Es kam die Nachricht, daß der erste Erzieher – der Ajo, in vorliegendem Fall Graf Bombelles – durch die Geburt eines Sohnes erfreut worden war. Max geriet ganz außer Rand und Band. Er verkündete sogleich, er habe sich fest entschlossen, das Stubenmädchen Mali zu heiraten, damit er baldmöglichst desgleichen Kinder haben könne. Seine Mutter verwies ihm derartiges mit den Worten: »Sei nicht so naseweis.« Der Knabe schwieg zunächst. Dann meinte er altklug: »Wissen Sie, Mama, warum ich naseweis bin? Weil es mich so freut, solche Sachen zu sagen.«

Im Schloßpark von Schönbrunn übten sich die Kinder im Speerwerfen. Max wollte partout nicht mitmachen. Die Speere wären spitz, und man könne sich damit leicht verletzen, war seine etwas lahme Erklärung. Eine der Hofdamen stichelte: »Nicht einmal für ein Kaiserreich würden Sie Speere schleudern?« Da fuhr der Kleine auf und erklärte ganz atemlos: »Was Sie da sagt. Für ein Kaiserreich! Ich will aber gar kein Kaiserreich haben, das wäre mir gar nicht angenehm. Es würde mir viel zu viel Unannehmlichkeiten machen.« Auf die Frage: »Was würden Sie denn lieber haben?« antwortete Max ohne Zögern: »Ein schönes Haus mit einem großen Garten am Meer.«

Zwei Jahrzehnte danach hätte er sich an diesen Ausspruch erinnern sollen. Das schöne Haus mit dem großen Garten, an den Gestaden des Meeres hatte er ja: Schloß Miramar bei Triest. Nun aber wollte er um jeden Preis ein Kaiserreich mit all seinen »Unannehmlichkeiten und Sorgen«. Am 19. Juli 1867 ließ der liberale Präsident von Mexiko, Benito Juarez, den Kaiser von Mexiko erschießen. Admiral von Tegethoff hatte Erzherzog Ferdinand Max gut gekannt. Als das Unternehmen »Mexiko« durch die Festnahme des Imperators seinem Ende entgegen ging, schrieb der Sieger von Lissa und Helgoland an seine vertraute Freundin, Freifrau von Lutteroth: »Jetzt haben die Mexikaner den Max gefangen. Ich weiß, wie es um ihn bestellt ist. Ich bebe bei dem Gedanken, der Erzherzog könnte die Nerven verlieren und sich weinerlich zeigen. Ich hoffe immer noch. Aber mir schwant Übles.« Wilhelm von Tegethoff hatte sich unnötigerweise Sorgen gemacht. Max von Mexiko ist mit beispielhafter Haltung gestorben.

Im Jahre 1940 ist General Maxime Weygand den Franzosen als Retter vor deutscher Gefahr aus dem Osten präsentiert worden. Um das Feldherrngenie des Generals unter Beweis zu stellen, ist folgende genealogische Überlegung angestellt worden. Maxime Weygand war der Sohn des Erzherzogs (!) von Österreich. Dieser aber war keineswegs von seinem juristischen Vater, sondern vielmehr von dem jungen Herzog von Reichstadt erzeugt. Somit wäre General Weygand ein Urenkel des ersten Kaisers der Franzosen. Rein zeitlich könnte die Überlegung zutreffen: »L' Aiglon starb am 22. Juli 1832. Der Erzherzog wurde am 6. Juli des gleichen Jahres geboren. Weygand erblickte das Licht der Welt am 18. Januar 1867, während der Kaiser von Mexiko am 19. Juni eben desselben Jahres füsiliert worden ist. Diese temporäre Möglichkeit und der in Frankreich nicht eben sehr häufige Vorname Maxime, dürften ganz schlaue Köpfe auf den Gedanken gebracht haben, zwischen dem Verteidiger Frankreichs 1940 und dem sieggewohnten Soldatenkaiser eine Blutlinie zu konstruieren.

Kaiser Franz Joseph hatte einen Sohn. Für die Nachfolge war damit gesorgt. Sämtliche übrigen Erzherzöge – außer dem Kronprinzen Rudolf – waren von untergeordnetem Interesse. Nach Max ist der nächstfolgende Bruder des Kaisers Erzherzog Karl Ludwig gewesen. Er war dreimal verheiratet: Mit einer Prinzessin von Sachsen, sodann mit einer Prinzessin beider Sizilien und zuletzt mit einer Prinzessin Braganca. Der älteste Sohn aus der zweiten Verbindung war

Erzherzog Franz Ferdinand, der später im vertrauten Kreise »FF« genannt worden ist. Dessen Vater – des Kaisers Bruder – machte sich gelegentlich den Spaß, einen Abschnitt aus dem Konversationslexikon auswendig zu lernen. Sodann brachte er das Gespräch auf das betreffende Thema, damit er zuletzt sein ungeheures Wissen gebührend bewundern lassen konnte. Im übrigen versicherte er seinen Kindern in beruhigendem Ton: »Lernen brauchts nix, denn mehr wie Erzherzöge könnts eh nicht werden.«

Als es soweit war, trat Franz Ferdinand in ein Dragoner-Regiment ein. Der Vater hielt aus diesem Anlaß eine kurze Ansprache an das Offizierskorps des betreffenden Regiments: »Meine Herren, ich bitte Sie, niemals zu vergessen, daß Sie einen Erzherzog in ihrer Mitte haben, dem alle die einem Kaiserlichen Prinzen schuldigen Ehren und Rücksichten gebühren.« Der junge Erzherzog leistete sich mancherlei. Niemand wagte es, ihm dergleichen zu untersagen. Nur einmal kam er an den falschen Mann. Dieser war der General der Kavallerie, Prinz von Croÿ. Irgendeiner ungebührlichen Aufführung wegen schrie er den Erzherzog derart an, daß dieser ganz verdattert von dannen zog.

Nach einer Inspektion einer Fabrik in Vöslau forderte Franz Ferdinand den in Baden amtierenden Bezirkshauptmann auf, im erzherzoglichen Sonderzug mitzufahren. Der Beamte war erstaunt. Die Strecke von Vöslau nach Baden wurde nämlich in nur neun Minuten durchfahren. Gleich nach dem Start begann der Erzherzog sarkastisch: »Nicht wahr, sehr schön und praktisch in allen seinen Teilen. Und nun stellen Sie sich vor, was mir in dem Zusammenhang passiert ist. Vor einiger Zeit meldete mir der Generaldirektor der Südbahn, er habe diesen neuen Wagen ausschließlich für Seine Majestät und dessen Brüder bauen lassen. Vor vierzehn Tagen aber sagte mir Onkel Albrecht, er habe eben zu einer Inspektionsreise den neuen Salonwagen der Südbahn benützt, den er in allen Belangen für gut und praktisch halte. Was sagen Sie zu so einem Generaldirektor? Der läßt einen besonderen Wagen für den Kaiser und dessen Brüder bauen und dann ladet er als ersten den Erzherzog Albrecht ein, den Waggon auszuprobieren.«

In jungen Jahren erkrankte der Erzherzog an Tuberkulose. Er war so gut wie aufgegeben. Als möglichem neuen Thronfolger wandten sich alle Interessenten dem jüngeren Bruder Otto zu. Besonders die ungarischen Zeitungen schrieben den »FF« bereits ab und nannten Otto als zukünftigen König. Franz Ferdinand liebte die Madjaren nicht, und die Madjaren liebten den Erzherzog nicht. Seinerzeit hatte der Prinz das — dem Vernehmen nach — beste Regiment des k.u.k. Heeres kommandiert: Es war dies das 9. k.u.k. Husarenregiment Feldmarschall Franz Leopold Graf Nadasdy auf Fogaras. 1888 ist die Einheit so benannt worden, mit dem Bemerken: Das Regiment hat diesen Namen auf immerwährende Zeiten zu führen. In vorliegendem Falle währten die »immerwährenden Zeiten« genau dreißig Jahre. Erzherzog Franz Ferdinand kommandierte also die Nadasdy-Husaren in Ödenburg, wie man auf deutsch oder in Sopron, wie man auf ungarisch sagte. Dienstsprache war bei den Nadasdy-Husaren, als einem Regiment des k.u.k. gemeinsamen Heeres, Deutsch. Bei der k.k. Landwehr ist desgleichen Deutsch, bei den Königlich Ungarischen Honved Ungarisch und bei der Königlich Kroatischen Landwehrdivision, den sogenannten Domobranen, Kroatisch als Dienstsprache verordnet gewesen. Nebst dem gab es noch die jeweilige Regimentssprache, z.B. polnisch, ukrainisch, rumänisch, tschechisch, slowakisch, slovenisch, italienisch, serbisch und allenfalls auch noch friaulisch. Ganz so einfach ist es also nicht gewesen, in dem schwarzgelben Heer zu dienen. Bei Nadasdy-Husaren war die Dienstsprache Deutsch. Im Casino jedoch, also außer Dienstes, bedienten sich die madjarischen Aristokraten selbstverständlich ihrer ungarischen Muttersprache. Der Erzherzog fand dieses Verhalten mehr als ungehörig. Vornehmlich auch deshalb, weil er der ungarischen Sprache keineswegs völlig mächtig gewesen ist. Franz Ferdinand versuchte, den Zustand zu ändern. Allerdings ohne jeden Effekt. Dienstlich gaben sich die Magnaten und die Gentriemen aus dem Reiche der Stephanskrone keinerlei Blöße. Privat aber konnten sie reden, wie sie wollten.

Der Thronfolger versicherte oft und gerne, er werde den ungarischen Krönungseid erst leisten, wenn er das Wahlrecht in Zisleithanien so geändert hätte, daß es den Adel ins Mark treffen würde. Wie er ein derartiges Unternehmen ohne Bürgerkrieg durchzuführen gedachte, bleibt schwer erfindlich. Der Vorstand seiner Militärkanzlei war Oberst Dr. Bardolff, der spätere Freiherr, General und SA-Gruppenführer. Carl Bardolff erklärte auf Befragen rund heraus, entweder hätte der Erzherzog seine Pläne als Monarch geändert, oder aber die Doppelmonarchie wäre auch ohne Ersten Weltkrieg in ihre Bestandteile zerfallen.

Franz Ferdinand hielt nicht viel von dem k.u.k. Minister des Kaiserlichen Hauses und des Äußeren, Agenor Graf Goluchowski. Im Verlaufe seines Aufenthaltes in Meran wünschte der Prinz einen Ausflug zu unternehmen. Da er noch sehr geschwächt war, hatte man einen Esel als Reittier bereitgestellt. Der Prinz trat vor die Tür seiner Villa und rief mit Stentorstimme: »Wo zum Teufel ist denn der Goluchowski geblieben?« Auf die erstaunte Frage seiner Umgebung, ob denn der Herr Minister des Äußeren auf Besuch wäre, antwortete der »FF« nur ärgerlich: »Sie wissen doch, was ich von unserem Metternich im Taschenformat halte. Da hab ich eben meinen Esel nach ihm benannt.«

Der langjährige Chef des Generalstabs der gesamten bewaffneten Macht, Friedrich Freiherr von Beck — nachmals Graf von Beck-Rzikowsky — war schon recht alt geworden. Franz Ferdinand drängte darauf, einen neuen Generalstabschef zu ernennen. Die Frage war nur, wen? Der damalige Chef der erzherzoglichen Militärkanzlei, Brosch Edler von Aarenau, erklärte ohne jede Überlegung: »Da kommt nur einer in Frage. Das ist der Conrad von Hötzendorf, der jetzt die Division in Innsbruck hat.« Der Thronfolger war nicht restlos überzeugt. Da machte Oberst von Brosch folgenden Vorschlag: »Kaiserliche Hoheit, gehen wir einfach auf die Kärntnerstraße, halten die ersten fünf Offiziere an, die wir treffen, und fragen diese, wen denn sie für den geeignetesten Chef des Generalstabes halten.« Der »FF« nahm an. Die Herren gingen auf die Straße und befragten jene Offiziere, die ihnen als erste entgegenkamen. Die Antwort war unisono: »Conrad von Hötzendorf, wen denn sonst.«

Der damalige junge General und spätere Feldmarschall ist tatsächlich ernannt worden. In einem Gespräch mit seinem Protektor bemerkte dieser: »Wissen Sie, Sie sind ohne Zweifel ein ganz ungewöhnlich begabter Mann. Deshalb wunderts mich, daß Sie so ein schlechter Menschenkenner sind. Ich weiß aber, woran das liegt. Sie halten nämlich jedermann für einen Engel. Erst, wenn der Betreffende Ihnen schlagend das Gegenteil bewiesen hat, werden sie anderer Meinung. Ich aber mach das grad umgekehrt: Ich halte jeden Menschen grundsätzlich für ein Schwein. Hat er mir zehnmal bewiesen, daß er keins ist, glaub ichs immer noch nicht ganz. Meine Methode hat den Vorteil, daß man sich Enttäuschungen erspart.«

Als der Erzherzog von seinem Lungenleiden wieder völlig hergestellt war, schien es an der Zeit zu sein, an eine Heirat zu denken. Der »FF« zeigte anfangs wenig Interesse. Ab einem gewissen Zeitpunkt aber verkehrte er auffallend oft im Hause des Erzherzogs Friedrich. Dieser hatte eine Prinzessin von Croÿ zur Frau. Die Croÿs waren eine ganz große Familie. Sie sind als Standesherren den Habsburgern mindestens juristisch ebenbürtig gewesen. Allein, man konnte die Sache hin- oder herdrehen, eine »große« Partie war das nicht – für einen Kaiserlichen Prinzen. Der immer ein bißchen bissige Graf Kielmannsegg, k.k. Statthalter des Erzherzogtums unter der Enns, nannte die Frau des Erzherzogs Friedrich nie anders als die »unechte« Erzherzogin. Jedenfalls verfügte das Ehepaar über zahlreiche Töchter. Franz Ferdinand konnte sich eine aussuchen. Nach einer Tennispartie ließ der Thronfolger seine Uhr auf dem Sportplatz liegen. Einer der Bedienten brachte den Chronometer der Hausfrau. Diese öffnete den Deckel und meinte, das Bild einer ihrer Töchter vorzufinden. Zu ihrem anfänglichen maßlosen Erstaunen und ihrer nachfolgenden hitzigen Erregung, fand sie in dem Gehäuse zwar schon die Photographie eines weiblichen Wesens. Es handelte sich aber keineswegs um das Konterfei einer der Kaiserlichen Prinzessinnen, sondern um jenes der erzherzoglichen Hofdame. Das Lichtbild stellte Sophie Gräfin Chotek von Chotkowa und Wognin, dar. Die Erzherzogin tobte, die Hofdame flog im hohen Bogen und Franz Ferdinand ließ sich nie mehr bei Friedrichs blicken.

Jetzt war Feuer am Dach! Der Kaiser war unter keinen Umständen gewillt, von den Bestimmungen des Hausgesetzes abzugehen. Nach diesen aber war eine Gräfin Chotek, böhmischer Uradel, Vließfamilie, beste Verwandtschaft, eben nicht ebenbürtig. Es kam somit nur eine morganatische Ehe in Frage. Das Paar konnte zwar heiraten, aber die Ehefrau durfte nicht den Namen ihres Mannes führen und die eventuellen Kinder aus der Verbindung waren nicht thronfolgeberechtigt. Die entlassene Hofdame flüchtete zu ihrem Bruder. Dieser tat als Hofrat bei der k.k. Statthalterei in Schlesien Dienst. Seine Frau galt als ebenso intelligent wie resolut. Franz Ferdinand erschien sogleich in Troppau und verlangte, Gräfin Sophie zu sehen. Die Gräfin Chotek, geb. von Künell auf Nedamow, ließ sich keinen Augenblick ins Bockshorn jagen. Sie erklärte dem Thronfolger der Habsburgermonarchie kurz und unmißverständlich: »Kaiserliche Hoheit, Sie haben die arme Sophie bereits genügend kompromittiert. Ständige Besuche bei ihr in meinem Haus schlagen Sie sich gefälligst gleich aus dem Kopf.«

Zahlreiche Persönlichkeiten aus den unterschiedlichsten Lagern wurden mobilisiert, um den Thronfolger von der geplanten Heirat abzuhalten. Unter anderem ist auch der Weihbischof von Wien, Gottfried Marschal, in der Angelegenheit eingespannt worden. Der geistliche Herr war durch eine langjährige Bekanntschaft dem Erzherzog verbunden. Einem Kirchenfürsten – dachte man bei Hof – könne der Prinz nicht so grob kommen wie einem gewöhnlich Sterblichen.

Bischof Marschall machte sich also auf den Weg. Der Thronfolger empfing den hohen Herrn im Beisein von Gräfin Sophie. Der geistliche Würdenträger brachte mancherlei Argumente vor, die gegen eine Verbindung des Erzherzogs mit der Gräfin sprachen. Er appellierte an die Überlieferung des Hauses Österreich. Er versuchte, Sophie Chotek zu einem Verzicht zu bringen. Er stellte dem Paar vor, welch eine schwere Belastung eine morganatische Ehe gerade für den Thronfolger mit sich bringen mußte. Nichts fruchtete! Zuletzt konnte sich der Bischof nur noch zurückziehen. Gräfin Chotek zischte ihm beim Abschied zu: »Dafür garantiere ich Ihnen, Sie werden nie Erzbischof von Wien.«

Der Thronfolger hatte einen Bruder. Dieser war als der »Schöne Otto« bekannt. Er sah tatsächlich ganz ungewöhnlich gut aus, war dem heiteren Leben durchaus zugeneigt und kannte keinerlei Probleme. Mit einer Schwierigkeit hatte er jedoch zu kämpfen: Ganz im Gegensatz zu Franz Ferdinand verfügte er über – vergleichsweise – nur geringe Geldmittel. Jedesmal, wenn er seinen Bruder besuchte, pumpte er ihn auch an. Franz Ferdinand war im allgemeinen nicht unbedingt als besonders freigebig bekannt, seinem Bruder aber konnte er nie widerstehen. Er borgte oder schenkte ihm jedesmal Geld, wenn dieser darum ersuchte. Im Zusammenhang mit der geplanten Heirat erschien der »Schöne Otto« spornklirrend im Palais des Thronfolgers. Er hielt sich gar nicht mit irgendwelchen Einleitungen auf, sondern sprudelte heraus: »Also weißt Du, Franz, das geht einfach nicht. Was fallt denn Dir eigentlich ein? Ein Erzherzog heiratet keine Gräfin oder sonst eine Person!« Der Prinz machte auf dem Absatz kehrt und verließ das Lokal. Franz Ferdinand war beeindruckt. Er sagte nachdenklich: »Also das muß dem Otto ja wirklich nahe gehen. Nicht einmal angepumpt hat er mich.«

Zuletzt setzte der Thronfolger seinen Kopf durch. Es wurde geheiratet. Allein, der Erzherzog mußte für seine eventuellen Kinder auf den Thron verzichten. Seine Frau wurde nicht Erzherzogin. Sie erhielt den Namen einer Fürstin von Hohenberg. Später ist sie zur Herzogin mit der Ansprache »Hoheit« erhoben worden. Nicht lange nach der Hochzeit Habsburg – Chotek verliebte sich der jüngste Bruder des Thronfolgers in die Tochter eines Professors der Mathematik an der Universität Prag. In Verkennung aller Gegebenheiten hoffte der Prinz, bei seinem Bruder Unterstützung zu finden. Da kam er aber falsch an. Vor allem bei seiner Schwägerin, der Fürstin von Hohenberg. Wütend fertigte sie den ganz verdatterten Erzherzog ab: »Das ist doch der Gipfelpunkt der Frechheit. Du erwartest von uns Hilfe? Das ist doch wohl ein kleiner Unterschied, ob man eine Chotek oder ein Fräulein Czuber heiratet.« Von ihrem Standpunkt aus hatte die Fürstin völlig recht. Von der Position eines kaiserlichen Prinzen betrachtet war zwischen Chotek und Czuber keineswegs ein so besonders ins Gewicht fallender Unterschied zu erkennen. Jedenfalls sind beide Damen nicht »ebenbürtig« gewesen.

Einen Hofstaat konnte die Titular-Fürstin natürlich nicht kreieren. Irgend etwas mußte aber doch geschehen! Also verfiel man auf den Gedanken, eine Gesellschaftsdame zu engagieren. Sternkreuzordensdamen ließen sich nicht anwerben. Die sagten: »So gut wie die Sophie Chotek sind wir noch lang.« Endlich wurde eine junge Dame, gräflichen, aber eben doch nicht ganz so vornehmen Standes gefunden. Die Betreffende war wenig mehr als ein halbes Jahr in den Diensten des erzherzoglich-fürstlichen Paares. Nach dem Attentat von Sarajevo, dem der Thronfolger und seine Frau zum Opfer gefallen waren, machte sich die Gräfin-Gesellschaftsdame auf, um nach Hause zu fahren. Auf dieser Reise begegnete sie einer ihrer Cousinen. Die Base war ganz ungewöhnlich neugierig, welche Erfahrungen ihre Cousine denn bei den »FFs« gemacht hätte. Die fürstliche Gesellschaftsdame a.D. sagte nur: »Wies bei denen war, willst Du wissen. Ich hab nur einen Gedanken gehabt: Heiraten oder Sterben; daß es noch eine dritte Möglichkeit gibt, hab ich gar nicht einkalkuliert.«

Der jüngste Bruder des Kaisers ist Erzherzog Ludwig Viktor gewesen. Es mangelte dem kaiserlichen Prinzen an einer besonders ausgeprägten Begabung. Erzherzog Ludwig Viktor bekleidete den Rang eines k.u.k. Feldzeugmeisters. Ferner ist er Inhaber eines Infanterie-Regiments in Österreich-Ungarn und Chef einer derartigen Einheit in der kaiserlich russischen Armee gewesen. Der Prinz lebte vorwiegend in Salzburg. Er war das genaue Gegenteil von dem, was man einen Damenfreund nennt. Franz Joseph bemerkte in einer Laune trüber Heiterkeit: »Dem Ludwig Viktor müßte man anstatt Dienstkämmerern eigentlich Hofdamen zuteilen. Da könnte dann aber wirklich nix passieren.«

Der mit Abstand bestaussehende Erzherzog ist – trotz des »schönen Otto« – Eugen gewesen. Als Hochmeister des Deutschen Ritterordens blieb er natürlich unverheiratet. Dieser Umstand hinderte ihn jedoch keineswegs daran, weibliche Schönheit durchaus zuästhimieren. Der Erzherzog war kulturell überaus interessiert. In seiner Innsbrucker Zeit besuchte er oft und gerne die Vorlesungen besonders bekannter Gelehrter. Bei einer wissenschaftlichen Tagung ging es bei weitem nicht so geistvoll zu, als die Veranstalter dies erhofft hatten. Eugen meinte trokken: »Der locus ist ja da, aber der Genius fehlt.«

Im Verlaufe des Feldzuges gegen Italien inspizierte der bereits erwähnte Graf Sigismund Beroldingen seine gemischte Brigade, die aus dem Dragoner-Regiment Graf Paar und einem der vier Bosniaken-Regimenter bestand. Als der Oberstleutnant eine der Kasernen betrat, schlug ihm ein geradezu infernalischer Gestank entgegen. Auf Befragung wußte niemand von irgend etwas. Plötzlich entdeckte einer der Ordonnanzoffiziere in dem Tornister eines der Bosnier einen sonderbaren Kranz. Auf einem Stück dünnen Drahtes waren nicht weniger als 32 menschliche Ohren – sämtliche von der rechten Kopfseite genommen – aufgezogen gewesen. Zum Teil waren diese menschlichen Bestandteile schon in einem recht üblen Zustand. Auf die entgeisterte Frage des Brigadiers, was denn das eigentlich heißen solle, erklärte der mohammedanische Serbe aus Bosnien treuherzig: »Gospodin Podpukovnik, molim vas, wenn ich erzähle, ich habe 32 Italiener getetet, niemand wird glauben. Zeige ich Ohrwaschel italienisches, jeder weiß, was ist los.« Trotz dieser durchaus einleuchtenden Erklärung sind die Trophäen vernichtet worden. Der Bosniak aber erhielt ein eigenhändiges Schreiben seines Brigadiers, des k.u.k. Oberstleutnants Graf von Beroldingen, welches den Verwandten und Freunden versicherte, daß es mit den zur Strecke gebrachten Gegnern seine Richtigkeit habe. Dennoch war der südslawische Krieger merklich enttäuscht!

Graf Ottokar Czernin von und zu Chudenitz gehörte zum engeren Kreis des Thronfolgers. Dieser drang darauf, daß der »böhmische Herr« zum k.u.k. Gesandten in Bukarest ernannt werden sollte. Der Kaiser kam dem Ersuchen nach. Als sich Czernin als neuernannter Vertreter Österreich-Ungarns bei Franz Joseph meldete, begrüßte der Imperator den Grafen mit den Worten: »Ah, Sie sind der, der Außenminister wird, wenn ich gestorben bin.«

Ottokar Czernin berichtete aus Rumänien unter anderem, daß er festgestellt habe, es sei sehr schwierig, Einladungen zum Essen auszusprechen, weil mindestens vier Damen jeweils den Ehrenplatz beanspruchten. Er sei deshalb auf den Gedanken verfallen, an zahlreichen Vierertischen servieren zu lassen. Da standen eine Vielzahl von bevorzugten Plätzen zur Verfügung. Außerdem meinte der Mann, der später tatsächlich k.u.k. Minister des Äußeren wurde: Seitdem im Königreich Rumänien der Adel abgeschafft ist, spreche man jedermann am besten mit »mon prince« an.

Der k.u.k. Gesandte war erstmals zu Hofe geladen. Graf Czernin sprach — man wäre geneigt zu sagen, selbstverständlich — nicht rumänisch. Neben den Ghika, Sturdza und Stirbey waren die Lahovary eine der angesehensten Familien des Landes. Davon wußte der Kavalier aus Böhmen natürlich auch nichts. Czernin stand neben dem König. Genau gegenüber von ihm hatte sich der Oberzeremonienmeister aufgebaut. Es erschien ein Minister. Der Zeremonienmeister sprach einige rumänische Worte. Czernin konnte den Ausdruck Lahovary heraushören. Kurz danach wurde ein hoher General gemeldet, wieder ließ sich Lahovary erkennen. Unterschiedliche andere Würdenträger betraten den Festsaal, stets wurde irgendwie das Wort Lahovary ausgesprochen. Czernin war der Meinung, Lahovary bedeute soviel wie Exzellenz oder etwas ähnliches. Zuletzt erschien ein Jüngling in der Uniform eines Roschiori-Regiments. Wieder hörte der österreichisch-ungarische Gesandte das ihm nun schon geläufige Wort. Da konnte er nicht umhin, erstaunt auszurufen: »Ist denn das möglich. So jung und schon Lahovary.«

Graf Czernin war nach dem Zusammenbruch der Donaumonarchie eine Zeit hindurch Abgeordneter im klein-österreichischen Nationalrat. Er wurde das Opfer eines Autounfalls, ohne sich dabei sehr viel Schaden zuzuziehen. Das sozialdemokratische Zentralorgan »Der Arbeiterwille« publizierte aus diesem Grunde folgenden Knüttelvers: Der Graf Czernin, der Ottokar – stürzt jüngst mit seinem Autocar – jedoch es geschah ihm nicht sehr viel – denn er hat Haut wie ein Krokodil.

Erzherzog Eugen hatte einen jüngeren Bruder namens Franz Stephan. Dieser war nicht ganz so schön und nicht ganz so hochgewachsen wie Eugen. Sah aber dennoch sehr gut aus und erreichte auch eine nicht unbeträchtliche Körpergröße. Der Erzherzog hielt sich viel in Galizien auf seinem Schloß Saybusch auf. Im Verlaufe des Ersten Weltkrieges gab es unterschiedliche Auffassungen, was eigentlich mit Polen zu geschehen habe. Die »austropolnische« Lösung sah vor, daß Erzherzog Franz Stephan zum König von Polen gekrönt werden sollte. Die Wilhelmstraße dachte anders über das Problem. Daher wurde aus der Standeserhöhung nichts. Sein jüngerer Sohn war andererseits zum Großfürsten der Ukraine vorgesehen. Der Niederlage wegen konnte auch dieser Plan nicht effektuiert werden. Die Sowjets aber haben ein langes Gedächtnis. Nach dem Ende des Zweiten Weltkriegs verhafteten sie Erzherzog Wilhelm, der sich als ukrainischer Thronprätendent Wassili Wyschywanie genannt hatte, in Baden bei Wien. Der kaiserliche Prinz kam wenige Jahre danach in einem sibirischen Lager um.

Franz Stephan war ein lebenslustiger Mann. Er diente bei der k.u.k. Kriegsmarine. Als junger Seeoffizier lud er einen ganz hervorragenden Klaviervirtuosen nach dem österreichisch-ungarischen Hauptkriegshafen Pola – seit 1945 Pula – ein. Der Künstler erprobte den zur Verfügung gestellten Flügel. Er zeigte sich mit dem Instrument zufrieden. Nach der Tafel sollte das Konzert stattfinden. In der Zwischenzeit machte sich der kaiserliche Prinz persönlich daran, die schwarzen Tasten mit Tusche fein säuberlich zu bestreichen. Nach dem Essen versammelten sich alle Eingeladenen. Der große Musiker begann seinen Vortrag. In der kürzesten Zeit sah er aus wie ein Rauchfangkehrer (Kaminfeger). Franz Stephan konnte sich vor Entzücken über seinen Scherz gar nicht lassen. Der Pianist soll das Ereignis weniger herzlich genossen haben.

Der Erzherzog gab im Rahmen der Marine natürlich nur gelegentliche Gastrollen. Dennoch erreichte er in verhältnismäßig jungen Jahren den Rang eines »echten« Admirals. Anläßlich eines dieser Aufenthalte sollte der Hafenkommandant von Pola, Admiral Ritter von Ripper, bei dem Prinzen seine Aufwartung machen. Der Flaggoffizier war nicht mehr der jüngste und erfreute sich eines beträchtlichen Leibesumfanges. Deshalb verfiel Franz Stephan auf den Gedanken, das Fallreep einziehen zu lassen. Man konnte somit nur noch über eine Strickleiter an Deck gehen. Der Erzherzog freute sich wie ein Kind darauf, wie es der alte und dicke Herr von Ripper wohl schaffen würde, die Strickleiter hinaufzuklettern. Zufällig war der Admiral gerade an diesem Tag unpäßlich. Anstelle Rippers erschien Vizeadmiral Graf Lanjus von Wellenburg. Dieser war verhältnismäßig jung, schlank und sportgestählt. Da das Fallreep nicht herabgelassen war, gab Carlo Lanjus den Befehl, zur Strickleiter zu drehen. Leichtfüßig schwang er sich an Bord und meldete sich vorschriftsmäßig bei dem Erzherzog. Franz Stephan war einerseits verblüfft, andererseits ärgerlich, daß er um seinen Spaß gekommen war. Er sagte nur: »Bei Ihnen hätt ich das ja nie gemacht. Sie klettern da herauf wie der jüngste Kadett. Aber das hätt ich gern gesehen, was der Ripper gmacht hätt.«

Der Marineakademiker Hertelendy de Hertelend et Vindornyalak stammte von einem ungarischen Großgut. Ohne Unterbrechung bekam er von seiner väterlichen Großmutter »Freßpakete« geschickt. Dem Brauche der Marineakademie in Fiume – Rijeka – folgend, wurden dem madjarischen Edelmann seine Sendungen nie ausgehändigt, sondern auf seinen gesamten Jahrgang aufgeteilt. Er selbst bekam also keinen größeren Anteil als irgendeiner seiner Kameraden. Aus diesem Grunde ließ der Jahrgangsoffizier, der damalige k.u.k. Korvettenkapitän Duschan von Preradovich – des südslawischen Nationaldichters und österreichisch-ungarischen Generals Sohn –,

Herrn von Hertelendy zu sich kommen. Er beschwor den Marineakademiker: »Das hat doch gar keinen Witz, daß Sie immer Sendungen von zu Haus bekommen. Sie haben doch gar nichts davon.« Daraufhin erwiderte der Madjare ungerührt: »Bittä schen, Herr Korvettenkapitän, das macht gor nix. Großmutter hat auch Freud, wenn andere essen.«

Bewährte Matrosen sind zur Unteroffiziersprüfung zugelassen worden. Unterschiedliche Fragen wurden an den Kandidaten gerichtet. Der Dalmatiner war der deutschen Sprache nur bedingt mächtig. Zuletzt sollte er aussagen, wie drei Schiffseinheiten benannt seien. Es handelte sich um S.M.S. »Panther«, »Leopard« und »Tiger«. Der Seemann nahm all seine Sprachkenntnisse zusammen und sagte: »Die Schiffe heißen sich ›Panther‹, ›Leopanther‹, e ›quel altro – dieser andere – Panther‹.«

Kronprinz Rudolf war mit der Prinzessin Stephanie von Belgien verheiratet. Bei einer Kreuzfahrt auf der Adria stand das Ehepaar auf der Brücke. Die Kronprinzessin stellte ihrem Mann eine etwas alberne Frage. Rudolf reagierte sauer und fauchte sie an: »Du immer mit Deinem blöden Gerede. Du – Schneegans.« Der Kommandant des Schiffes stand daneben. Er wunderte sich aufrichtig und sagte später im Kasino: »Weißt Du, so ein Erzherzog ist eben doch ein Erzherzog. Ich hätt einfach Gans gesagt.«

Der Seekadett Erich von Kunsti machte eine Kreuzfahrt durch das westliche Mittelmeer mit. Zuletzt lief der k.u.k. Kreuzer einen spanischen Hafen an. Wie stets waren die örtlichen Würdenträger mit ihren Familien zu einem Bordfest eingeladen worden. Unter anderem erschien auch Don Diego Perafan de Riviera de los Marques de Villanueva e Las Torres. Er hatte seine Frau und eine ganz entzückende Tochter mit sich. Erich Kunsti tanzte mehrmals mit der kleinen Condesa. Am nächsten Tag machte sich der k.u.k. Seekadett auf, kaufte Blumen und stattete einen Besuch im Hause Perafan ab. Zuerst mußte er mächtig lang warten. Sodann erschien Don Diego. Mit vollendeter Höflichkeit, aber bedrückender Kälte bemerkte der Grande: »Ihr Besuch, verehrter Herr von Kunsti, ehrt mein Haus. Dennoch darf ich Ihnen mit dem gebotenen Nachdruck mitteilen, daß ich meine Tochter noch keineswegs zu verheiraten gedenke.«

Von der k.u.k. Armee, deren Führung und Organisation hielt Erzherzog Franz Stephan nicht besonders viel. Mit Vorliebe erzählte er einen Vorfall aus der Zeit der napoleonischen Kriege. Als der Kaiser der Franzosen nach Rußland marschierte, deckte die rechte Flanke der Grande Armee ein k.k. Korps unter dem Fürsten Karl Schwarzenberg. Die Truppe war – jedenfalls für die russischen, klimatischen Verhältnisse – nicht richtig eingekleidet. Also forderte der Kommandierende General warme Winterbekleidung an. Napoleon mußte Rußland räumen. Die Völkerschlacht bei Leipzig wurde geschlagen. Der erste und der zweite Friede von Paris waren unterzeichnet worden. Der Ex-Kaiser lebte auf Sankt Helena. Der Friede war somit längst wieder hergestellt. Kein Mensch dachte mehr an Rußland und seine Winterkälte. Jenes Regiment – ein italienisches – welches von der Kälte besonders betroffen worden war, bezog Garnison, zwar nicht in Italien, aber immerhin in einem sonnigen Land, dem Königreich Dalmatien. Man schrieb das Jahr 1827. Mehr als ein und ein halbes Jahrzehnt waren seit den kalten Tagen des russischen Feldzuges verstrichen. Plötzlich wurde dem Regimentskommandanten Franz Dahlen – nachmals Freiherr von Orlaburg – gemeldet, es sei eine umfangreiche Sendung eingelangt. Die zahlreichen Ballen wurden augenblicklich geöffnet. Sie enthielten – die Winterbekleidung, die das Regiment vor fünfzehn Jahren angefordert hatte. Der Erzherzog schloß seinen Bericht regelmäßig mit den Worten: »Sehens, und seither hat sich so gut wie nix geändert. Genau die selbe Schlamperei wie damals hamma heute auch noch.«

Anton Galgotzy, der Lehrerssohn aus Siebenbürgen, war eine der originellsten Typen der k.u.k. Generalität. Als er, übrigens in sehr jungen Jahren, zum Generalmajor befördert worden war, telegraphierte er nach Wien an eine bekannte Schneiderfirma: »Schikkens eine Uniform für einen mittleren General.«

Galgotzy, der es stets abgelehnt hatte, um die sonst übliche Erhebung in den Ritter- und, in passendem Abstand, in den Freiherrenstand einzukommen, war

Kommandierender General in Przemysl geworden. In der Gegend ist es um diese Zeit ganz ungewöhnlich heiß gewesen. Der General gestattete deshalb den Offizieren, leichte Mützen aus weißem Leinen zu tragen. Diese klimatisch bedingte modische Neuheit machte sich gut und war im übrigen ungemein originell. Einer der Herren Leutnants trat gerade seinen Urlaub an. Er fuhr in die Reichshaupt- und Residenzstadt Wien. Hier in der Metropole des Imperiums paradierte der Jüngling mit seiner an sich völlig unvorschriftsmäßigen Mütze. Er schlenderte noch keine paar Minuten auf dem Ring, als er bereits von einem älteren Oberstleutnant, einem sogenannten »Platzvogel«, gestellt worden ist: »Ja, was fallt denn Ihnen eigentlich ein? Glauben Sie, wir haben hier Fasching oder was? Sie schauen ja aus wie ein Gefrorenesmann – Speiseeisverkäufer –, nicht aber wie ein k.u.k. Offizier.« Der unglückliche Leutnant verteidigte sich nach Kräften. Stets von neuem wies er darauf hin, »Unser Herr Kommandierender General hat uns der großen Hitze wegen gestattet, ausnahmsweise diese weißen Leinenkappen zu tragen.« Der Alte war nicht zu beruhigen. Der Leutnant mußte mit auf die Hauptwache. Von dort aus ist nach Przemysl telegraphiert worden. Die Depesche enthielt die Anfrage, ob das Tragen der weißen Mützen tatsächlich gestattet worden wäre. General Galgotzy telegraphierte nur ein einziges lapidares Wort zurück: »Ja!« Der Leutnant wurde sogleich entlassen. Er verlebte noch weiterhin einen äußerst angenehmen Urlaub und rückte zur festgesetzten Zeit wieder zur Truppe ein. Kaum hatte er den Boden der Kaserne betreten, als er bereits zum Rapport bei seiner Exzellenz befohlen wurde. Der junge Offizier meldete sich sogleich bei seinem höchsten Vorgesetzten. Dieser blickte ihn vernichtend an und bemerkte: »Sie haben ja schöne Stückeln in Wien aufgführt. Was bilden denn Sie sich eigentlich ein? Diese heutigen Leutnants, wie die Fatschkinder. Euch müßt man ja andauernd ein Kindermädl hinten nach schicken. Sie bekommen zehn Tage Kasernarrest. Wissen Sie auch warum?« Der Leutnant antwortete betreten: »Nein, oder doch sicher, wegen der weißen Kappe.« Galgotzy: »Aber nein, wieso denn? Die weiße Kopfbedeckung war doch erlaubt. Sie müssen sitzen wegen Verursachung übermäßiger und unnützer Schreibarbeit.«

In bereits vorgerücktem Alter wünschte General Galgotzy noch zu heiraten. Die ganze Sache war ihm im Hinblick auf seine Kameraden und überhaupt der Öffentlichkeit wegen irgendwie peinlich. Er ließ sich also den Regimentskuraten kommen und sagte: »Wissen Sie, Hochwürden, die ganze Sache, also meine Heiraterei, die muß vollständig unter uns bleiben. Ich bitt mir da die genaueste Diskretion aus. Kein Mensch darf erfahren, daß ich demnächst heiraten werde.« Der Geistliche Herr nahm diese Erklärung mit einiger Bestürzung zur Kenntnis: »Aber Exzellenz, ich kann mir das nicht ganz vorstellen. Es ist doch eine unverrückbare Vorschrift, daß an drei Sonntagen das Aufgebot in der Kirche zu verlesen ist. Darum komme ich auf keinen Fall herum. Und dann wissens doch alle Leut.« Anton Galgotzy überlegte ganz kurz und verkündete sodann: »Aber das ist doch ganz einfach. Sie verlesen den ruthenischen Rekruten mein Aufgebot auf Deutsch!«

Besonders verabscheute der General sogenannte Klingelsporen. Um besonders herausfordernd klirren oder klingeln zu können, ließ man dem Rädchen des Sporns etwas Luft. Der Effekt war erstaunlich.
Galgotzy fuhr im Zweispänner durch die Stadt. Plötzlich erspähte er einen jungen Kavallerieoffizier, der — Kruzitürken noch einmal — unverkennbar die verhaßten und verbotenen Klingelsporen trug. Augenblicklich ließ der General halten und rief mit Stentorstimme: »Hallo, Sie da drüben, ja natürlich Sie Ulan, kommens einmal her.« Der Rittmeister ahnte Übles. Er meldete sich vorschriftsmäßig und harrte der Dinge, die da kommen sollten. Galgotzy fuhr den Ulanen an: »Sie können wohl nicht lesen. Sonst müßten Sie ja wissen, daß diese widerwärtigen Klingelsporn verboten sind. Oder hams das vielleicht nicht gwußt? Aber wie auch immer. Ich bin heute gut aufgelegt. Also zehn Tage Kasernarrest.« »Darf ich mir noch eine Bemerkung erlauben?« fragte der Rittmeister. Die unwirsche Antwort war: »Unglaublich, was wollens denn eigentlich noch?« Ein ganz klein wenig schmunzelnd bemerkte der Ulan: »Darf ich gehorsamst darauf hinweisen, daß Exzellenz selbst Klingelsporn tragen?« Der General ließ sich nicht aus der Ruhe bringen. Er blickte nachdenklich auf seine Reitstiefel, an denen unverkennbar Klingelsporen

klirrten: »Tatsächlich, das sind wirklich Klingelsporn. Was mach ma denn da? Am besten, Sie sitzen für mich auch noch zehn Tag ab.«

Bei einer Inspizierung fand Galgotzy, die Kompanie irgendeines Hauptmannes sei in miserablem Zustand, einfach miserabel. Beim Rapport, den Galgotzy nur mit dem Delinquenten auf seinem Dienstzimmer abhielt, brüllte er: »Ich werde Ihnen sagen, was Sie sind. Ganz genau werd ich Ihnen das erklären. Für mich sind Sie kein Hauptmann, sondern ganz einfach ein Esel.« Der Betroffene nahm die Sache nicht von der heiteren Seite. Er machte eine Eingabe nach Wien und beschwerte sich des langen und breiten. Es sei mit seiner Offiziersehre nicht vereinbar, wenn er als Esel apostrophiert würde. Auch ein Kommandierender General hätte zu solchen Verbalinjurien keinerlei Berechtigung. Lange Monate schwebte die Untersuchung. Den General konnte man nicht gut bestrafen. In der Sache aber hatte der Hauptmann ohne jeden Zweifel recht. Wien wählte einen erprobten Weg zur Beilegung der Angelegenheit. Der ganze Akt wurde nach Przemysl zurückgesandt, mit dem Bemerken: Eine solche Angelegenheit werde am besten intern beigelegt. Galgotzy machte sich sogleich an die interne Erledigung. Er ließ sich den Hauptmann kommen, blickte ihn eine ganze Weile forschend an und sagte: »Schauns, das hams jetzt davon. Der Akt ist durch alle Abteilungen im Kriegsministerium gegangen. Was ist der Effekt: Bisher haben wir zwei gwußt, daß Sie ein Esel sind und jetzt? Jetzt weiß es die ganze Armee.«

Mit einem verdienten, aber schon etwas gebrechlichen General, war Galgotzy seit langem befreundet. Man wollte den alten Herrn, der eben doch nicht mehr ganz einsatzfähig war, in den wohlverdienten Ruhestand versetzen. Jedermann wußte, daß der General mit Leib und Seele Soldat war; es mußte ihn also sehr treffen, plötzlich den bunten Rock ausziehen zu müssen. Vielleicht konnte Galgotzy helfen? Der ist mit dem betagten Herrn doch auf so gutem Fuß! Also trat der Vorstand der Personalabteilung an Galgotzy heran. Er bat ihn – Anton Galgotzy –, dem General Korbinian Svoboda, Edlem von Kaisertreu, doch auf möglichst diplomatische Weise die bevorstehende Veränderung bekanntgeben zu wollen. General Galgotzy war sogleich bereit: »Aber selbstverständlich, das mach ich. Da könnens sich drauf verlassen.« Schnurstracks ging Galgotzy in die Dienststelle Svobodas. Er trat auf ihn zu und sagte mit freundlichem Lächeln: »Du, Korbinian, was ich noch sagen wollte, einer von uns beiden wird pensioniert. Ich bins nicht!«

General Fleischer von Kempfimfeld ließ sich vor allem angelegen sein, den Geist und die Ausbildung der sogenannten Einjährig-Freiwilligen nach allen Regeln der Kunst zu befördern. Als eben wieder ein ganzer Schwung von Maturanten – Abiturienten – eingerückt war, ließ es sich Fleischer nicht nehmen, ihnen sogleich eine zu Herzen gehende Ansprache zu halten: Was sie für Pflichten und Rechte hätten. Wie das Vaterland auf ihre treuen Dienste angewiesen sei.

Was es andererseits aber auch für eine Ehre für sie – die Einjährigen – wäre, sich mit Herz und Hand dem kaiserlichen und königlichen Dienst widmen zu dürfen. Die »Anrede« schien ihren Zweck durchaus erfüllt zu haben. Der General wollte bereits schließen. Da fiel ihm offenbar noch etwas ein. Laut verkündete er: »Und eins noch, meine Herren, das hätt ich beinah vergessen. Wenn Sie einmal austreten müssen. Dann bitt ich mir aber aus: Scharfer Strahl und nicht so lü, lü, lü wie die Zivilisten.«

Graf Hermann von Keyserling schreibt in seinem Werk »Reisetagebuch eines Philosophen«: »Des Deutschen Naturanlage hat ihre Form noch nicht gefunden: so wird er ohne zwingenden Grund noch nirgends gelten gelassen. Daß Vollendung aber auch für ihn im Bereich der Möglichkeiten liegt, beweist der eine, einzige Typ des Deutschen, der bisher einen vollkommenen Ausdruck darstellt: der österreichische Aristokrat. Dieser mag nicht allzuviel taugen; bei ihm mag, wie dies bei Kühen so leicht geschieht, die Züchtung auf ›Form‹ die ›Leistung‹ beeinträchtigt haben: immerhin aber ist er vollkommen in seiner Art.«

Der Graf aus Kurland verfügte offensichtlich über eine beträchtliche Beobachtungsgabe. Denn ein intimer Kenner der Materie, der tirolerische Reichsratsabgeordnete Karl Grabmayr von Angerheim, weiß zu berichten: »Mit dem alten Parlament war auch ›der Verfassungstreue Großgrundbesitz‹ – eine spezielle

Gruppe in der Volksvertretung – dem unerbittlichen Orkus verfallen. Volle zehn Jahre hatte ich in diesem politischen Verband verbracht, war einer seiner Führer und oft sein Sprecher gewesen. Auf einem kurz vor dem Abschied aufgenommenen Gruppenbild sind die dreißig Herren unseres Verbandes verewigt. Ich habe mich die lange Zeit hindurch gut mit ihnen vertragen, es waren in der großen Mehrzahl liebe Leute, mit besten Manieren, es war eine ›gute Gesellschaft‹, mit denen man in unserem Klub verkehrte. Zu einer wirklichen Befreundung bin ich mit keinem gekommen. Noch schärfer als in anderen politischen Verbänden, machte sich bei uns der geistige Abstand zwischen den Führern und der Herde bemerkbar. Wenngleich ungern, mußte man sich gestehen, daß allzu viele unserer Herren nicht einmal das bescheidene Mittelmaß eines Durchschnittsabgeordneten erreichten, daß uns ganze Kronländer nicht einen einzigen Vertreter schickten, den man auf einen irgendwie erheblichen parlamentarischen Posten stellen konnte. Die Schlesier waren reine Nullen, ebenso die meisten der Mährer. Von den Niederösterreichern sind die Mehrzahl nur als ›Stimmen‹ zu brauchen gewesen. So beschaffen war die an Adelstiteln reiche aber an Intelligenz ziemlich arme Gesellschaft, die als ›Verfassungstreuer Großgrundbesitz‹ ein starkes Gewicht in die politische Waagschale legte, so wie es jeweils die Parteileitung der fügsamen Herde vorschrieb.«

Ein hoher Beamter der inneren Verwaltung – Freiherr von K. – hatte auf irgendeine Art auch mit den Eisenbahnen zu tun. Von Zeit zu Zeit – in beträchtlichen Abständen, denn für so neumodische Dinge hatte der Baron nicht sehr viel übrig – mußte er die Einrichtungen und die Fahrzeuge der staatlichen Eisenbahn inspizieren. So ein Zeitpunkt nahte wieder einmal heran. Hofrat Baron K. wurde aufs beste empfangen. Die meisten Dinge gefielen ihm dieses Mal besser als bei den vergangenen Inspektionen. Zuletzt sind ihm auch noch die Akten zur Einsicht vorgelegt worden. Jede Lokomotive hatte ein eigenes Karteiblatt, aus dem man ihren Zustand und Tauglichkeitsgrad unschwer ablesen konnte. Links auf dem Merkblatt waren die einzelnen Bestandteile aufgeführt, rechts war deren Zustand und jedesmal das beruhigende Wort »vorhanden« eingetragen. Beifällig nickte der Freiherr bei der Lektüre. Ganz unten auf dem Bogen stand links »Kesselstein« und rechts »fehlt«. Da war es aber mit der Gemütlichkeit vorbei. Mit beiden Beinen sprang Hofrat Baron K. auf und schrie: »Was ist denn das für eine bodenlose Schlamperei? Das werd ich mir ausbitten. Ich habe ja gleich gewußt, daß hier auch so ein Sauhaufen herrscht wie sonst überall. Nicht einmal Kesselstein habts ihr da. Jetzt passens aber auf, meine Herren, was ich Ihnen sagen werd. Der Kesselstein ist augenblicklich nachzubeschaffen. Das ist ein dienstlicher Befehl«. Es heißt, daß der betreffende Herr ab diesem Zeitpunkt nicht mehr mit seinem Namen genannt, sondern nur noch als »Baron Kesselstein« apostrophiert worden sein soll.

General der Kavallerie, Graf P. de V., nahm mit seinem Korps an einem Mannöver teil. Er hatte um eine bestimmte Zeit, an einem bestimmten Punkt zu sein. Das Reiterkorps stand aber absolut nicht dort, wo es nach der Planung bereits hätte sein sollen. Der General – sonst die Ruhe selbst – wurde von Minute zu Minute nervöser. Seine Majestät wollte der Übung persönlich beiwohnen! Also war peinliche Pünktlichkeit und Präzision am Platze. Der Graf wandte sich zuletzt höchst ungehalten an seinen Generalstabschef. »Na, und Sie, Sie sagen gar nix. Das hab ich gern. Immer die Obergscheiten machen Generalstabsausbildung. Weisheit mit dem großen Löffel gefressen und so weiter. Kaum aber ist man im Gelände, so ist es aus mit der ganzen Herrlichkeit. Also, wie weit ist es denn eigentlich noch zu dem Punkt, wo wir schon längst sein sollten, wenn Sie nicht so herumgebandelt hätten?« Der Oberst im Generalstabskorps steckte die Anschuldigungen wortlos und sichtlich ungerührt ein. Er meldete diensteifrig: »Bis zu dem uns bezeichneten Platz sind es in der Luftlinie noch sechs Kilometer.« Da explodierte der gräfliche Korpskommandant: »Was hab ich gsagt! Das ist die ganze Weisheit von einem Generalstäbler. Solche neumodischen Ausdrücke hab ich überhaupt gfressen. sen. Was heißt Luftlinie? Da wirds doch wohl irgendwo einen Abkürzungsweg geben.«

Hiram Maxim, der Erfinder des nach ihm benannten Schnellfeuergewehrs, eines Vorläufers des Maschinengewehrs unserer Tage, war auf den Gedanken gekommen, seine neuartige Waffe, die jenem Heer, welches über sie verfügte, die absolute Überlegenheit sicherte, der k.u.k. Armee anzubieten. In Bruck an der Leitha im Erzherzogtum unter der Enns befand sich ein großer Schießplatz. Generationen von Artilleristen sind hier ausgebildet worden. Es existiert sogar ein »Brucker-Lager-Marsch«. Die Hymne beginnt mit den vielversprechenden Worten: »Beim Arsch is finster, beim Arsch is finster, da scheint das ganze Jahr ka Sonn.« In diese Gegend ist Hiram Maxim geleitet worden. Hier sollte er der versammelten Generalität und sonstigen Experten seine neue Waffe vorführen. Der Kriegsminister – Graf v. B., Baron zu R. – war natürlich auch dabei. Der nordamerikanische Erfinder schoß auf eine beträchtliche Entfernung die Initialen »Franz Joseph« in die Scheibe. Das machte allgemein einen guten Eindruck. Sodann gab er Dauerfeuer und dachte damit gewonnenes Spiel zu haben. Alles blickte auf den Kriegsminister. Der Graf aber schüttelte bedauernd den Kopf und meinte resigniert: »Mein lieber Mister, damit is nix. Da hätt ma ja in ein paar Minuten das ganze Budget verschossen.«

Ferdinand, Prinz von Sachsen-Coburg und Gotha, war einer der gewiegtesten Diplomaten im Europa vor dem Ersten Weltkrieg. Er hatte sich auf einem der schwierigsten, ja geradezu lebensgefährlichen Posten als Fürst und späterer Zar der Bulgaren in ungewöhnlich geschickter Weise gehalten. Nicht allein in politischen, sondern auch in wirtschaftlichen Fragen konnte Zar Ferdinand, der erst nach Ende des Zweiten

Weltkrieges verstarb, als hervorragender Kenner gelten. Bevor er in Sofia an die Regierung kam, hatte er in einem k.u.k. Husaren-Regiment gedient. Sein Kommandant war ausgerechnet ein Erzherzog. Vielleicht war der überaus hochgewachsene und schwere Coburger tatsächlich kein auffallend guter Reiter. Vielleicht interessierte er sich auch für andere Dinge mehr, als für den Sitz der Attila und den Putz der Knöpfe. Jedenfalls mißfiel der eine dem anderen Prinzen. In der Konduiteliste Ferdinands von Sachsen-Coburg stand jedenfalls der lapidare Satz zu lesen: »Zur Beförderung zum Oberleutnant minder geeignet.«

Im Verlaufe des Ersten Weltkriegs besichtigte ein General der Infanterie das Militär-Geographische Institut. Unter anderem ist ihm ein ganz neuer Globus gezeigt worden. Der hohe Herr war außergewöhnlich interessiert: »Aha«, meinte er, »das ist also die ganze Welt. Wo ist denn da unsere österreichisch-ungarische Monarchie drauf?« Der diensthabende Offizier meinte beflissen: »Hier, Exzellenz, hier, dieses ganz kleine Fleckchen.« »Und wo ist das Deutsche Reich?« »Hier, gleich daneben, dieses andere ganz kleine Fleckchen.« »So, so und was ist das, wo so viel grün ist?« »Das ist Rußland.« »Und das rosa Angstrichene, was da überall zu erkennen ist?« »Diese Farbe bezeichnet die britischen Besitzungen.« »Teufel, Teufel«, meinte der General bedrückt, »glaubens, daß das unser alter Kaiser auch weiß?«

Joseph, Graf Jellachich de Bužim, ist der kroatische Nationalheld. Bis zu dem denkwürdigen Jahr 1945 stand sein Denkmal auf einem der schönsten Plätze der kroatischen Landeshauptstadt Zagreb, eben auf dem »Jellačić-Platz«. Innerhalb weniger Jahre brachte er es im Verlaufe der Revolution von 1848 vom einfachen Oberst eines Grenz-Infanterie-Regiments zum Feldzeugmeister, Kommandeur des Maria-Theresien-Ordens und zum Banus, also zum Vizekönig von Kroatien, Slawonien und Dalmatien. Der Graf galt mit Recht als bedeutender Feldherr und großer Staatsmann. Außerdem — und dies ist nicht stets der Fall — war der Banus tolerant und trotz seines keineswegs hohen Alters mit einem beträchtlichen Maße von Weisheit ausgestattet. Ein besonders beflissener, vielleicht auch nur ein besonders ehrgeiziger Herr, flüsterte dem Vizekönig zu: »Der und der, muß ich zu meinem großen Leidwesen vermelden, befleißigt sich hinter dem Rücken von Euer Exzellenz einer Sprache, die ich als überaus anstößig empfinde. Man kann ruhig sagen, der Mann versucht seine Umgebung gegen Euer Exzellenz einzunehmen. Ja, er intrigiert gegen die erhabene Gestalt unseres Banus.« Graf Jellachich hörte wortlos zu. Sodann dachte er einen Atemzug lang nach und sagte mit einigem Erstaunen in der Stimme: »Der soll über mich schimpfen? Das wundert mich! Dem Mann habe ich doch eigentlich nie etwas Gutes getan.«

Der Grenzer-Hauptmann Pizdoslaw Kuracović, Edler von Flaggenstock, war bei seiner Exzellenz, dem

Herrn Vizekönig in Agram eingeladen. Dieses bedeutende Ereignis ließ das ganze Dorf nicht ruhen. Man erwartete die Rückkehr des auf diese besondere Art Ausgezeichneten. Endlich zu später Nachtstunde hörten die Bewohner des Fleckens den müden Trab des Pferdes vom Hauptmann. Es hatte sich doch ausgezahlt, so lange auszuharren: »Jetzt werden wir gleich hören, was der Pizdoslaw zu berichten hat. Ich bitt Euch, wer ist denn je schon beim Banus gewesen? Da wer ma was zum Staunen kriegen.« Der Hauptmann war abgesessen. Der Knez des Ortes – Schulze, Bürgermeister, Häuptling oder meinetwegen auch Fürst – trat an Kuracović von Flaggenstock heran und fragte: »Du, Pizdoslaw, jetzt erzähl einmal. Wie wars beim Banus?« Der Hauptmann drehte seinen Schnurrbart, den er unter Zuhilfenahme von schwarzer Stiefelwichse etwas verschönt hatte, und erwiderte resigniert, ja fast enttäuscht: »Ja, weißt, Netigung war Dir schwach und der Puntsch, der war Dir sauschlecht!« Sprachs und strebte der heimatlichen Hütte zu. Zur größeren Verständlichkeit: Der Hauptmann hatte das nach dem Essen gereichte Fingerwasser für Puntsch gehalten und ausgetrunken.

Die Kroaten sind ein einfaches und liebenswertes Volk. Sie haben es im Verlaufe der letzten paar Jahrhunderte stets mit nachtwandlerischer Sicherheit verstanden, auf der jeweils verkehrten – das heißt unterliegenden – Seite zu stehen. Vielleicht kommt diese betrübliche Tatsache aus dem folgenden Grund: Sie betrachten die jeweilige Situation zu wörtlich. Sie erklären sich die Konflikte, welcher Art immer, zu persönlich. Den Kampf um die Vorherrschaft in Deutschland zwischen dem Kaiser von Österreich und den meisten übrigen deutschen Fürsten auf der einen und dem König von Preußen auf der anderen Seite deuteten die Kroaten so: »Der Bismarck und sein Bruder, der Moletak, wollen die katholische Religion abschaffen!« Im Kroatisieren von ihnen ungeläufigen Fremdnamen sind die Kroaten seit jeher groß gewesen. Der höchste Zivilbeamte unter Banus Graf Jellacić ist der Hofrat Nikolaus Melinčević von Halić gewesen. Der führende Beamte hatte ein Hundepärchen, welches er in einer antikisierenden Anwandlung Hero und Leander genannt hatte. Die kroatischen Knechte und Winzer auf seinem Landgut vor der Stadt nannten die beiden Hunde nie anders als Herica und Lenček. Franz Joseph I. war in einer Person Kaiser von Österreich und Apostolischer König von Ungarn. Die Kroaten sind gegen die Madjaren äußerst allergisch gewesen. Immerhin aber gehörte das Königreich Kroatien seit der pacta conventa, somit seit der ersten Hälfte des 12. Jahrhunderts, in Personalunion zum Königreich der Stephanskrone. Die »Militär-Grenze« aber unterstand vom 16. bis zum 19. Saeculum direkt dem Kaiser. Ungeachtet dieser durchaus bekannten Tatsachen meinten die Kroaten: »Wir haben einen Kaiser in Wien, aber keinen König in Pest. Der Kaiser wirds dem Madjarenkönig schon zeigen.«

Trotz ihrer militärischen oder vielleicht besser gesagt kriegerischen Fähigkeiten, sind erst seit der zweiten Hälfte des vergangenen Jahrhunderts Südslawen – also Serben oder Kroaten – in den höheren Rängen der k.u.k. Generalität festzustellen. Im Ersten Weltkrieg gehörte Generaloberst Stephan Baron Sarkotić de Lovčen zu dieser Spezies. Also sogar geadelt und baronisiert war er, der Sohn eines Grenzer-Leutnants und Kroate. Sarkotić ist der letzte k.u.k. Landeschef und Militärkommandant von Bosnien und der Herzegovina gewesen. Die Mannschaften eines der Forts in den bosnischen Bergen mußten sich das Trinkwasser im stundenlangen Ab- und Aufstieg aus einem entlegenen Tal holen. Mehrfach hatte der Kommandant der Besatzung an die Militärverwaltung das Ersuchen gerichtet, es möge der Garnison ein ärarischer Esel zur Verfügung gestellt werden, der das Wasserholen erleichtern könnte. Jedesmal jedoch hatte die Intendantur entschieden, daß keinerlei Grund für die Bereitstellung eines Tragtieres zu erkennen sei. Der Generaloberst hatte von diesen vergeblichen Versuchen erfahren. Bei einer extra angesetzten Inspektion des Forts war vorsorglich auch der außergewöhnlich dicke und kurzatmige Generalintendant dem Stabe zugeteilt worden. Als der Landeschef mit seiner Suite das Bachbett, aus welchem das Trinkwasser geholt werden mußte, erreichte und der Aufstieg eben beginnen sollte, meinte Baron Sarkotić so ganz nebenbei: »Die da oben haben doch wenig Wasser. Wie wärs, Herr Intendant, jeder von uns bringt einen Eimer voll Wasser hinauf.« Die Gefäße sind gefüllt worden. Noch über das eigene Gewicht hinaus belastet, schnaufte der Kanzleikrieger den Berg hinauf. Oben angekommen, war der Generalintendant am Ende seiner Kräfte. Schwitzend und prustend, mußte er gelabt werden. Der schlanke Generaloberst hatte sich weit weniger anstrengen müssen. Er sagte ein bißchen schmunzelnd: »Sagens, Herr Generalintendant, sollt ma denen nicht doch einen Esel zum Wassertragen bewilligen?«

Der einzige Südslawe, der je den höchsten Rang erworben hat, den eine Armee zu vergeben hat, jenen eines Feldmarschalls, ist Svetozar Boroëvić gewesen. Als er geboren wurde, war sein Vater noch Unteroffizier. Zuletzt hatte der alte Boroëvić den Rang eines Oberleutnants erreicht. Svetozar, griechisch-orthodoxer Serbe, wie aus seinem Vornamen unschwer zu entnehmen ist, machte Karriere. Er wurde mit dem Prädikat »de Bojna« – zu deutsch »von Bataillon« – in den ungarischen Adelsstand erhoben. Er ist zum General befördert worden. Er hat vortreffliche Kommandos bekommen. Er zeichnete sich in Rußland aus und er ist zuletzt Oberbefehlshaber der österreichisch-ungarischen Südwestfront gewesen. In zehn Isonzoschlachten konnten die Italiener das zahlenmäßig so viel schwächere k.u.k. Heer, welches noch an verschiedenen anderen Fronten zu kämpfen hatte, nicht bezwingen. Dieser unbedingte Geist des Widerstandes wird mit Recht vor allem dem Feldmarschall Boroëvić zugeschrieben. Er galt als der härteste Mann unter der k.u.k. Generalität. Als die zahlenmäßige Übermacht des Kgl. italienischen Heeres, verstärkt durch Briten und Franzosen, immer schreckenerregender geworden war, hat der Generalstabschef dem Feldherrn vorgeschlagen, durch eine persönliche Besichtigung an vorderster Front den Kämpfern moralische Unterstützung zu leisten. Die Hochgebirgsfront war die schwerste an allen Fronten des Ersten Weltkrieges. In den Fels gehauene Kavernen dienten als Unterkunft. Der Nachschub mußte unter den größten Anstrengungen aus dem Tal heraufgebracht werden. Temperaturen unter 30 Grad waren an der Tagesordnung. Die Wirkung von Geschoßeinschlägen wurde durch Steinsplitter vervielfacht, von Lawinen und natürlichem Steinschlag gar nicht zu reden. Nur die besten Truppenteile der k.u.k. Armee konnten hier standhalten. Es waren vorzüglich Alpendeutsche und Südslawen eingesetzt. Diese über alle Maßen hinausgehenden Schwierigkeiten waren dem Oberbefehlshaber natürlich bekannt. Seine eiskalte Härte gegenüber sich selbst und seinen Untergebenen war sprichwörtlich. Dennoch antwortete er auf den Vorschlag seines Stabschefs, die erste Linie zu besichtigen, mit einem entschiedenen »Nein«. Auf die etwas erstaunte Frage des Generalstabschefs: »Ja, warum denn das?«, erklärte der Feldherr: »Ich habe gehört, wie es in der vordersten Linie aussieht und was die Leute für Strapazen zu ertragen haben. Wenn ich das mit eigenen Augen sehen müßte, hätte ich nicht mehr das Herz, die Burschen nach vorn zu schicken. Ja, da staunens, auch ich nicht!«

Die k.u.k. Armee, die k.k. Landwehr und die Kgl. Ungarische Honved, nicht zu vergessen die kroatische Landwehr-Division, brachten eine ganze Anzahl von Originalen hervor. Viktor Dankl stammte aus einer Wiener Bürgerfamilie. Der Vater hatte es bis zum k.u.k. Major gebracht. Viktor war Neustädter Akademiker, Kavallerist und Mann einer Freiin von Lielen aus Westfalen. Zu Beginn des Ersten Weltkrieges tat er sich als Sieger der Schlacht bei Krasnik hervor. Später ist er an der Südostfront eingesetzt gewesen. Generaloberst Dankl, der Sieger von Krasnik und Vielgereuth, ist 1917 aus dem Stand Freiherr geworden. Kurz danach wurde ihm das Prädikat »von Krasnik« verliehen. Am 10. November des denkwürdigen Jahres 1918 aber ist der Feldherr in den Grafenstand erhoben worden. Es war dies die letzte Verleihung eines gräflichen Titels in der k.u.k. Monarchie. An dem gleichen Tag, als ihn die Standeserhöhung traf, unterschrieb General Dankl einen Akt. Er setzte unter das vorgelegte Dekret folgende Worte: »Dankl, Graf«. Ein beflissener Generalstabsoffizier räusperte sich, lächelte hinter vorgehaltener Hand und wandte sich an den Generaloberst: »Exzellenz, wenn ich mir die Bemerkung respektvollst gestatten darf. Eigentlich unterzeichnet man nicht mit Namen und Titel, sondern umgekehrt. Also nicht ›Dankl, Graf‹ sondern ›Graf Dankl‹.« Der Feldherr blickte seinen Generalstabschef sinnend an, dann aber meinte er entschieden: »Für normale Leut mag das vielleicht stimmen. Ich aber war zuerst Dankl, und dann erst Graf.«

Ein ungarischer Magnat ist in England auf dem Schlosse eines Lords zu Gast gewesen. Gleich am ersten Tag zeigte der Earl seinem Gast das Gut mit all seinen Einrichtungen. Unter anderem sind auch und mit besonderem Stolz die riesigen Schafherden vorgeführt worden. Auf die Frage des Lords an den Grafen, wie ihm denn die Wolltiere gefielen und diese in so großer Zahl, meinte der Nabob aus Ungarn höflich-herablassend: »Sehr fesch, wirklich sehr fesch. Aber so viel, wie Sie haben Schafe, hab ich Schäferhunde.«

Der bedeutendste Staatsmann des Reiches der Stephanskrone in unserem Jahrhundert ist Stephan Graf Tisza de Borosjenö et Szeged gewesen. Er war mehrmals Ministerpräsident, ebenso wie dies sein Vater im vergangenen Saeculum gewesen war. Tisza wußte, was er wollte, und wußte, wie er seine Gedanken in die Tat umzusetzen hatte. Seinen »zisleithanischen« Kollegen ist er um einige Nasenlängen voraus gewesen. Zu ihrem Mißvergnügen erkannten auch die »österreichischen« Minister diesen Tatbestand. Einer von diesen – Freiherr Heinold von Udynski – erklärte ganz verbittert: »Ob Sie's glauben oder nicht, der Tisza braucht nur am Ostbahnhof auszusteigen, und ganz Wien fallt am – Rücken.«

Der k.u.k. Linienschiffsleutnant – Kapitänleutnant – Ivo von Preradovich – des Dichters Enkel –, wurde durch die Geburt eines Sohnes erfreut. Der Kommandant jenes Schiffes, auf welchem Preradovich diente, S.M.S. Novara, ist der damalige Kapitän Nikolaus Horthy de Nagybanya, der spätere Reichsverweser von Ungarn, gewesen. Die beiden Herren waren überein gekommen, daß Horthy Pate sein wollte, sofern es sich um einen Knaben handeln sollte. Jetzt war es also soweit. Ivo von Preradovich ließ sich den Marinekuraten kommen und wollte mit diesem den Zeitpunkt der Taufe festlegen. Der Kurat aber machte ein sehr besorgtes Gesicht und meinte mit bebender Stimme: »Aber, Herr Linienschiffsleutnant, das können Sie uns doch nicht antun. Herr von Horthy ist doch Calviner.« Der junge Seeoffizier musterte den geistlichen Herrn verblüfft. Er erwiderte unverzüglich: »Aber Hochwürden, das werdens doch verstehen. Das ist doch ganz wurscht, ob der Pate calvinisch oder sonst was ist. Wichtig bleibt doch nur, daß er mein Kommandant ist und sich entgegenkommender Weise bereit erklärt hat, die Patenstelle bei meinem Sohn zu übernehmen. Also, bitt Sie, richtens das irgendwie.«

Ein frischgeadelter Industrieller aus der Gegend von Mährisch-Ostrau hatte den innigen Wunsch, neben dem Ehrenwort »Edler von« auch noch über ein Prädikat verfügen zu dürfen. Er schlug dem verantwortlichen Amt in Wien vor, sich mit dem Prädikat »von Wallenstein« schmücken zu können. Der zuständige Sektionschef schrieb ungewöhnlich entgegenkommend zurück: »Lieber und sehr verehrter Herr Kommerzialrat. Wir haben Ihr Anliegen hier eingehend geprüft. Das Prädikat ›von Wallenstein‹ ist vielleicht doch ein bissel ausgfallen. Aber, und da könnt ich nur sehr zuraten, wir haben uns gedacht, wie wärs, Sie nehmaten anstatt ›Wallenstein – Friedländer?‹«

Mit den Prädikaten war das so eine Sache. Einen minder vornehm klingenden Nachnamen konnte man durch alleinige Benutzung des Prädikats etwas heraufstilisieren: (Mayer) von Wallerstein, (Pauspertl) von Drachenthal oder (Heinsius) von Mayenburg. Diese Praxis wurde oft und gern geübt. Besonders, wenn dadurch auch noch die Herkunft aus einer bestimmten Gegend oder aus einem bestimmten Volk kaschiert werden konnte. Vier Herren fuhren in einem Coupé Erster Klasse mit der Südbahn von Wien aus in Richtung Semmering. Nach kurzer Zeit kamen sie ins Gespräch. Nichts war naheliegender, als sich bekannt zu machen. Der erste Reisende stellte sich vor: von Borkenau, der zweite sagte: von Rudin, und der dritte: von Parnegg. Da meinte der letzte im Abteil befindliche Herr wohlwollend-ironisch: »Sie werden lachen, meine Herren, ich heiß auch – Pollak.«

Graf Sandor de Slavnica war als Original über die Grenzen des Königreichs Ungarn hinaus bekannt. Seine Reitkünste sind geradezu legendär gewesen. Es machte ihm keineswegs etwas aus, die Treppen der Palais in Budapest hinaufzureiten, um an einem Souper teilzunehmen, auf dem überdimensionalen Eßtisch die Hohe Schule zu reiten oder auf dem ganz schmalen Balkon eines Renaissanceschlosses auf der Hinterhand kehrt machen zu lassen. Graf Sandor hatte des Fürsten Clemens von Metternich Tochter aus dessen erster Ehe mit einer Gräfin von Kaunitz geheiratet. Der Verbindung entsproß eine Tochter Pauline. Diese – genannt La Belle Bête – vermählte sich mit dem Stiefbruder ihrer Mutter. Sie war somit des Staatskanzlers Metternich Enkelin und Schwiegertochter. Ihr Mann – Fürst Richard Metternich – war eine Zeit hindurch österreichischer Botschafter in Paris. Die Fürstin-Botschafterin stand mit Eugenie, der Kaiserin der Franzosen, auf ungewöhnlich gutem Fuß. Am Hof zu Paris sollten lebende Bilder gestellt werden. Pauline Metternich wünschte energisch, die Hauptperson darzustellen. Das gleiche Ziel aber hatte auch die Herzogin von Malakoff, des Marschalls Pelissier Ehefrau. Der Streit ging weiter. Da nahm Kaiserin Eugenie die Fürstin Metternich beiseite und sagte: »Aber meine liebe Paulin, laß der Malakoff doch um Gottes willen die Rolle. Weißt Du, die Mutter von ihr ist ziemlich närrisch. Da muß man doch ein Einsehen haben.« Die Fürstin Pauline reckte sich so hoch auf als es ging und replizierte ganz energisch: »Die soll die Rolle bekommen? Nur weil ihre Mutter närrisch ist. Das kann ich Ihnen, Majestät, aber positiv sagen, mein Vater ist viel närrischer als ihre Mutter es je sein wird.« Die Kaiserin beugte sich der Argumentation. Pauline Metternich bekam ihre Rolle. Was die Duchesse de Malakoff daraufhin gemacht hat, ist nicht überliefert.

Franz Xaver Freiherr von John brachte es zum Feldzeugmeister, Kriegsminister und Chef des Generalstabs der gesamten bewaffneten Macht. Er wurde als Geheimer Rat berufen und mit dem Kommandeurkreuz des Maria-Theresienordens ausgezeichnet. Sein Vater hatte es vom einfachen Soldaten bis zum Hauptmann gebracht. Er stammte – man wäre fast geneigt zu sagen, natürlich – aus dem Sudentenland oder aus Deutschböhmen, wie der damalige terminus technicus lautete. Um ganz genau zu sein, die John kamen aus dem Gebiet der Herrschaft Kotzen im Kreis Leitmeritz. Ebenso wie sein Amtskollege Helmut von Moltke galt Franz John als ungemein wortkarg. Ein 18. August – Kaisergeburtstag – nahte wieder heran. Selbstverständlich ist dieser Tag auch in den Kreisen des k.k. Generalstabskorps gebührend begangen worden. Der Einsilbigkeit des obersten Chefs eingedenk, sind unter den Offizieren Wetten abgeschlossen worden, ob »der John« drei oder mehr Worte zu seinem Toast benötigen werde. Niemand gewann. General Freiherr von John erhob sich nämlich zu seinem Trinkspruch auf den Kaiser und sagte: »Seine Majestät!«

Dr. Karl Lueger – genannt der »Schöne Karl« – war der erste Bürgermeister von Wien, der der damals beinahe für revolutionär gelten »Christlichsozialen« Partei angehörte. Er war keineswegs ein Mann, der gewohnt gewesen wäre, sein Licht unter den Scheffel zu stellen. Kein Bauwerk, welcher Art immer, welches unter seiner »Regierung« errichtet worden ist, entbehrte an passendem Orte einer Gedenktafel, welche darauf hinwies, daß eben der »Schöne Karl« der

Bauherr, der Initiator oder mindestens jener gewesen war, der den ersten »Denkanstoß« für dies oder jenes gegeben hatte. Mancherlei boshafte Bemerkung über diese bürgermeisterliche Praxis kursierte in der Kaiserstadt an der Donau. Im Tiergarten von Schönbrunn hatte eine Zebukuh ein Junges zur Welt gebracht. Sogleich schlug ein politischer Gegner Luegers vor: »Da muß doch unbedingt eine Tafel hin: Geworfen unter dem Bürgermeister Karl Lueger.‹«

Die Fürsten Sapieha-Kodenski sind eine der illustren Familien des polnischen Hochadels, wenngleich sie eigentlich litauischer Herkunft gewesen waren. Prinz Adam Sapieha hatte die Mitte des fünften Lebensjahrzehnts noch nicht erreicht, als er zum Fürstbischof von Krakau bestellt worden ist. Als solcher war er Mitglied des Herrenhauses des österreichischen Reichsrats. Insofern spielte der polnische Aristokrat auch in der österreichischen Innenpolitik eine Rolle. Von einem sozialdemokratischen Reichsratsabgeordneten angesprochen, entspann sich folgendes Gespräch: »Exzellenz«, sagte der Sozialdemokrat, »ich versteh das nicht. Mit Ihnen kann man doch immer ganz gut reden. Aber mit den Christlichsozialen komm ich nie auf einen grünen Zweig.« Der Kirchenfürst erwiederte mit feinem Lächeln: »Aber das ist doch ganz einfach. Die sind Klerikale, und ich, ich bin ein Kleriker.«

Der k.u.k. Linienschiffsarzt – Marinestabsarzt – Dr. med. Leo Arbesser von Rastburg, hatte sich in seiner

Laufbahn bis zum Beginn des Ersten Weltkrieges keineswegs mit Gynäkologie befaßt. Im Verlaufe des Krieges aber – die Zivilärzte waren evakuiert und die Offiziersdamen konnten bei ihren Männern bleiben – ergab sich recht häufig die Notwendigkeit, als Geburtshelfer in Aktion zu treten. Eine junge Mutter befragte den Dr. v. Arbesser ganz besorgt: »Wie lange soll ich den Kleinen eigentlich stillen?« Der Linienschiffsarzt blickte träumerisch und erwiderte: »Wenns nach mir ginge, mindestens bis zur Großjährigkeit.«

Carl Gorzkowski von Gorzkow, genannt der alte Sarmate, hatte es zum General der Kavallerie gebracht, er war Inhaber des Kürassier-Regiments König von Sachsen, Geheimer Rat und Kämmerer, Inhaber des Ordens der Eisernen Krone 2. und des russischen Annen-Ordens 1. Klasse. Zu Beginn der Revolution von 1848 tat er als Festungskommandant von Mantua Dienst. Die Macht der kaiserlichen Truppen erstreckte sich nach kurzem nur noch über den Festungsbereich. Die Stadt Mantua stand in hellem Aufstand. General von Gorzkowski hatte Verdienste unterschiedlicher Art. Nur, der italienischen Sprache war er nicht sonderlich mächtig. Die Lage wurde zusehends bedrohlicher. Die italienischen Aufständischen entsandten einen Parlamentär, der die Übergabe der Festung verlangen sollte. Carl von Gorzkowski war zu solchen Praktiken unter keinen Umständen bereit. Ganz im Gegenteil, er nahm all sein Italienisch zusammen und fuhr den Abgesandten der Revolution an: »Paß auf, mantovani boni, mi bono. Mantovani cativi, mi – bum, bum.« Das hieße: Mantuaner gut, ich gut, Mantuaner schlecht, ich bum, bum.

Der Enkel eines Großgrundbesitzers aus Böhmen fragte seinen Großvater: »Warum essen die Generale eigentlich nicht mit Messer und Gabel?« Der Graf sah höchst verwundert auf und meinte: »Sag einmal, wie kommst Du denn auf so einen Blödsinn?« Da aber wurde der Kleine ganz aufgebracht und zwitscherte in den höchsten und aufgeregtesten Tönen: »Aber das stimmt doch, Großpapa. Hier stehts ganz deutlich in der Zeitung: Der General aß mit seinem Stab.«

In Wien ist man bekanntlich sehr musikverbunden. Der Ministerialrat im Ministerium für Kultus und Unterricht, Oskar Ritter Mayer von der Winterhalde, besuchte das Konzert eines bekannten Cellovirtuosen. Er hatte einen kleinen Neffen mitgenommen, damit dieser schon in jungen Jahren in das Reich der Musik möchte eingeführt werden. Eine Zeitlang lauschte der junge Herr von Mayer dem Vortrag des Künstlers ganz andächtig. Über ein Kurzes aber ist ihm die Darbietung doch wohl etwas zu viel geworden. Und so sagte er mit unbekümmerter, weithin hörbarer Knabenstimme: »Du hörst, Onkel, wenn der den Kasten durchgsagelt hat, dann gemma aber.«

Gundacker Graf Wurmbrand Stuppach ist ein ungewöhnlich begabter Mann gewesen. Er begann seine Laufbahn als Kavallerieoffizier. Später stand er lange

Jahre dem Herzogtum Steiermark als Landeshauptmann vor. In den Jahren 1893 bis 1895 versah er das wichtige Amt eines Handelsministers in der Regierung des Fürsten Alfred zu Windisch-Graetz. Der Graf hatte allenfalls den einen Fehler, daß er in einer über jedes normale Maß hinausgehenden Weise von sich eingenommen gewesen ist. Legationsrat Freiherr von und zu Eisenstein hatte lange Jahre und sehr erfolgreich an der österreichischen Botschaft in Berlin Dienst getan. Ein Bekannter befragte ihn: »Wie ist eigentlich der Kaiser Wilhelm? Man hört, S.M. wäre ziemlich eingebildet.« Baron Eisenstein dachte kurz nach und meinte erklärend: »Na ja, das ist vielleicht schon richtig. Der Deutsche Kaiser und König von Preußen ist schon ein bissel von sich eingenommen. Ja, wie soll ich das richtig erklären. Also, man könnte fast meinen: Wilhelm II. hielte sich für den Gundacker Wurmbrand.«

Der k.u.k. Botschaft in Berlin standen jahrzehntelang ungarische Magnaten vor: Graf Karolyi, Graf Szechenyi und Graf Szögenyi. Die rechte Hand Szechenyis ist ein Ritter Schmidt von Tavera gewesen. Er wurde aus unerfindlichen Gründen in der Berliner Gesellschaft nicht Herr von Schmidt, sondern Baron von Tavera genannt. Dieser Schmidt von Tavera bekleidete den Rang eines Legationsrates. Seine ihm ranggleichen Kollegen sind zu ziemlich demselben Zeitpunkt zu Gesandten befördert worden. Der Ritter war mit Recht erstaunt, daß nur er von dem Avancement ausgenommen worden war. Der k.u.k. Minister des Kaiserlichen Hauses und des Äußeren, Gustav Graf Kalnoky de Köröspatak, beeilte sich, an Schmidt zu schreiben: »Sie sind keineswegs minderer Leistungen wegen nicht befördert worden, sondern einzig und allein aus dem Grund, weil wir ohne Ihre Arbeitskraft in Berlin nicht auskommen.« Dem Fürsten von Bismarck ist von dem Schreiben Mitteilung gemacht worden. Er bemerkte trocken an den Rand der Meldung: »Bei dem Trottel Szechenyi kein Wunder.«

Fürst Sulkowski, Herzog zu Bielitz und Graf von Lissa verfügte nicht allein über eine Tochter, sondern auch über ein Automobil und daher über einen herrschaftlichen Chauffeur. Eines Morgens durchlief das Palais eine Schreckenskunde. Die Prinzessin war mit dem Fahrer durchgebrannt. Unter der Beobachtung sämtlicher Vorsichtsmaßregeln ist dem hohen Herrn das Debakel mitgeteilt worden. Der Fürst bekam einen Wutanfall. Er tobte durchs ganze Haus. Endlich schien er sich einigermaßen gefangen zu haben. Da schrie Sulkowski, in neuerlichen Zorn ausbrechend: »Das hat man von dieser modernen Erzieherei. Alles Mumpitz! Keine Disziplin und kein Verantwortungsgefühl haben die jungen Leute. Mir so etwas anzutun, einfach unglaublich. Wir sind ja jetzt in der allerpeinlichsten Lage. Wer, zum Teufel, soll denn jetzt das Auto fahren?«

Korvettenkapitän Georg Ritter von Trapp, der Vater der »Trapp-Singers«, lag mit seinem U-Boot im Hafen von Sebenico — Sibenik. Allzuviel war nicht zu tun.

Also setzte sich Trapp in die Kavana auf der Riva. Am Morgen, so beobachtete Trapp, kam ein Landesbewohner hoch zu Esel angeritten. Er saß ab, setzte sich zu seinen Freunden, trank Kaffee und debattierte eifrig. Hinter dem Reittier war seine Frau getrottet. Ein Kind am Arm, die Waren auf dem Kopf und zwei weitere Kinder am Rocksaum. Kaum angekommen, breitete sie die Feldfrüchte aus, besorgte die Kinder, kochte zur rechten Zeit das Essen und verkaufte, soviel eben weggehen wollte. Zuletzt packte sie den Rest zusammen, säuberte die Kinder, führte den Esel vor und meldete dem Eheherrn, daß es jetzt Zeit zum Heimritt sei. Diese Beobachtungen über den ganzen Tag hinweg mißfielen dem Korvettenkapitän im höchsten Grade. Er trat auf den Dalmatiner zu, der eben sein Reittier besteigen wollte und sagte: »Du, hör einmal. Den ganzen Tag machst Du nix als wie Kaffeetrinken, reden, essen und schlafen. Tust Du sonst gar nix?« Da reckte sich der Südslawe zu seiner ganzen Höhe empor, holte tief Atem und antwortete sichtlich entrüstet: »Ja, ništa? Zpavam za ženu!« Frei übersetzt: »Was, ich soll nichts tun? Ich schlaf mit der Frau.«

Bei Hof sind des öfteren Gesellschaftsspiele veranstaltet worden. Diesmal sollten Rätsel aufgegeben werden. Ein Erzherzog fragte die neben ihm sitzende Dame: »Was ist der Unterschied zwischen einer Frau und einem Spiegel?« Die Gräfin wußte natürlich keine Antwort. Der Prinz erklärte ihr die Sache mit boshaftem Lächeln: »Wissens, das ist doch ganz einfach.

Ein Spiegel reflektiert, ohne zu sprechen. Eine Frau aber spricht in einer Tour, ohne zu reflektieren.« Die schlagfertige junge Gräfin ging sogleich zum Gegenangriff über: »Jetzt werde ich Ihnen ein Rätsel aufgeben. Was ist der Unterschied zwischen Ihnen, Kaiserliche Hoheit, und einem Spiegel?« Nun war der Erzherzog daran, stumm der Dinge zu harren, die da kommen sollten. Als der Prinz absolut keine Antwort wußte, meinte die junge Dame: »Wissens, das ist doch ganz einfach. Ein Spiegel ist geschliffen, Sie aber sind es nicht.«

Ein in langen Ehejahren ergrauter Graf aus dem südlichen Böhmen kam nach Wien. Nach alter Gewohnheit besuchte er den Jockeyclub. Dort war eben eine Debatte im Gange. Es ging um die Frage, was die Frauen am liebsten täten. Der eine meinte heiraten, der andere flirten, der dritte glaubte, Putzen und Tändeln wären die Lieblingsbeschäftigungen der Damenwelt. Zuletzt erklärten einige der Anwesenden, eigentlich sei das Klatschen und Lästern der Lebenszweck des weiblichen Geschlechtes. Der Graf hatte sich die Debatte eine ganze Weile angehört. Dann verschaffte er sich Gehör und meinte resigniert: »Was ihr da aufgezählt habts, tun die Damen ja auch ganz gern. Am weitaus liebsten aber ist ihnen – das Kommandieren.«

Ein Herr der Wiener Hofgesellschaft, der als sehr gute Partie galt, konnte sich nicht und nicht entschließen, zu heiraten. Endlich hatte er die Erwählte seines

Herzens gefunden. Nun aber verließ ihn der Mut, seinem Wunsche Ausdruck zu verleihen. Endlich versetzte er sich einen Stoß. Er redete sich selbst gut zu: »Mit Gottes Hilfe wirds schon gehen.« Er schwang sich aufs Pferd und galoppierte zu dem Schloß seiner Angebeteten. Das Glück war ihm hold. Er traf die Unvergleichliche im Park. Ohne abzusitzen, sprudelte er hervor: »Der liebe Gott hat mich hierher gesandt, um Sie zu heiraten.« Die junge Dame, die den Seelenzustand ihres Bewerbers längst erkannt hatte, sagte schlagfertig: »Der Wille des Herrn geschehe.«

Die Menage ging gut. Das heißt jedoch nicht, daß andauernd der Himmel voller Geigen hängen mußte. Bei einem großen Souper ärgerte sich die Dame des Hauses über ihren Mann. Temperamentvoll, wie sie stets war, rief sie über den ganzen Tisch herüber: »Er ist ein Esel, mein Lieber.« Der so drastisch Apostrophierte erhob sich und verließ – die Serviette in der Hand – wortlos die Tafel. Auf die etwas betretene Frage: »Wohin gehst Du denn?«, meinte der Graf trocken: »In den Stall, ma chère!« Da hatte sie schon wieder Oberwasser: »Wenn Du in den Stall gehst, kannst Du die gute Serviette ruhig hier lassen.«

In späteren Jahren war der Betreffende verwitwet. Gelegentlich eines Balles bei Hof unterhielt sich der einstige Schürzenjäger mit drei ganz besonders anziehenden jungen Damen. Als er sich zurückgezogen hatte, fragte eine ältere Stiftsdame etwas spitz: »Na, welcher von den Dreien hat er denn das Taschentuch zugeworfen?« Daraufhin sagte eine der Attackierten: »Das solltest Du eigentlich schon wissen, daß sich der Bubi schon lange nicht mehr schneuzt.«

Ein besonders theaterfanatischer Prinz war im Laufe der Jahre und Ereignisse bereits ziemlich alt geworden. Nach einer Vorstellung von »Romeo und Julia« sagte man der Darstellerin der weiblichen Hauptrolle die unterschiedlichsten Komplimente. Die auch schon etwas angejahrte Diva hörte dergleichen nicht ungern. Um sich selbst noch etwas mehr herauszustreichen, erklärte sie: »Ihre Worte sind ja sehr gut gemeint, aber zu der Rolle müßte man jung und schön sein.« Da fiel der alte Prinz der Schauspielerin ins Wort. Mit Stentorstimme ließ er sich vernehmen: »Aber gar keine Spur. Sie, liebe gnädige Frau, sind doch der eklatante Gegenbeweis.«

Der schon gelegentlich erwähnte General Anton Galgotzy wurde von dem zeitweise fast allmächtigen Erzherzog Albrecht, dem Oheim des Kaisers, angesprochen, der als Feldmarschall besonders auf die Armee gewaltigen Einfluß hatte. Der kaiserliche Prinz meinte so nebenbei: »Wissens, Galgotzy, wir sind halt doch schon recht alt geworden.« Der General stimmte dem Prinzen zu: »Da habens recht, Kaiserliche Hoheit, alt simma gworden und — blöd!«

Leopold Graf Berchtold von und zu Ungarschitz, lebenslängliches Mitglied des österreichischen Herrenhauses in Wien und des ungarischen Magnatenhauses in Budapest, reiste nicht selten von seinen mährischen nach seinen ungarischen Besitzungen. Gelegentlich ist er im tiefsten Siebenbürgen auf einen kapitalen Hirschen geladen worden. Zu gerade dieser Zeit war der Vater des späteren k.u.k. Außenministers schwer krank. Man fürchtete von Stunde zu Stunde für das Leben des alten Grafen. Allein, eine solche Jagdeinladung konnte nicht aufgeschoben oder gar abgelehnt werden. Somit ergriff Leopold Berchtold alle geeigneten Maßnahmen. Er fuhr mit der Bahn bis zu jenem Orte, den man eben noch erreichen konnte. Von dort mußte mit dem Pferdewagen weitergefahren werden. Dem Stationsvorstand des gottverlassenen Nestes band Graf Berchtold auf die Seele, er habe ihn sogleich zu verständigen, wenn irgendeine schlechte Nachricht kommen sollte. Er – Leopold Berchtold – sei dort und dort auf dem und dem Jagdhaus des Grafen Teleki de Szek zu erreichen. Der vortreffliche madjarische Stationschef schwor Stein und Bein, der Herr Graf könne sich ganz und gar auf ihn verlassen. Die geringsten Anzeichen einer schlechten Nachricht würde er sofort zum Anlaß nehmen, einen reitenden Boten zu dem Jagdhaus des Herrn Grafen Teleki zu entsenden. Nach mehreren Tagen – irgendwelche Verständigungen waren nicht eingelangt – erschien Berchtold wieder an der bewußten Bahnstation. Der Vorsteher begrüßte den Grafen sehr herzlich und überreichte ihm eine Depesche. Berchtold öffnete das Telegramm und las zu seinem größten Entsetzen die lapidaren Worte: »Papa verschieden.« Sogleich fiel er über den unglücklichen Eisenbahnbeamten her: »Wann, zum Teufel, ist denn diese verfluchte Nachricht gekommen?« Der Stationschef antwortete kleinlaut: »Gleich nachdem der Herr Graf sind gegangen auf Jagd.« »Aber warum haben Sie mich denn nicht sogleich verständigt? Ich habe Ihnen doch ausdrücklich aufgetragen, sofort Laut zu geben, wenn eine schlechte Nachricht kommen sollte.« Der Eisenbahner verteidigte sich nach besten Kräften: »Herr Graf haben nur gesagt, ich soll Panduren schicken, wenn schlechte Nachricht kommt. Ich kann sehr gut Deitsch. Diese Nachricht sind nicht schlecht. Was stehen denn drinnen? Papa – verschieden. Das ist immer so bei Krankheit. Einmal gehts Patienten so, einmal so, eben verschieden.«

Die Fürsten von und zu Liechtenstein, Herzöge von Troppau und Jägerndorf, sind die erste Familie der Donaumonarchie gewesen. Fragt ein Prinz Windisch-Graetz einen Prinzen Auersperg: »Sag einmal, was ist das eigentlich, ein Baron?« Der Auersperg denkt eine ganze Weile nach, dann meint er, noch immer überlegend: »Weißt Du, das ist so: Ein Baron ist einer, der sein ganzes Leben darauf wartet, daß ein Liechtenstein ihm Du sagt.«

General Moritz Ritter von Auffenberg wurde in der Hauptstadt von Österreichisch-Schlesien – Troppau – geboren. Er ist dennoch – man wäre fast geneigt zu sagen, erstaunlicherweise – kein Sudetendeutscher. Seine Familie stammt vielmehr aus der damaligen Markgrafschaft Baden. Er sah nicht besonders gut aus, kurzgewachsen, bebrillt und in späteren Jahren mit einer Perücke verschönt. Mit Sicherheit aber galt er – nächst Franz Graf Conrad von Hötzendorf – als der begabteste General in der k.u.k. Armee. Als Auffenberg eine Zeitlang Kriegsminister gewesen war, hatte er gewissermaßen auf eigene Rechnung die 30.5 Mörser bei Skoda bestellt, da er die parlamentarische Zustimmung nicht bekommen konnte. Ritter von Auffenberg, später Freiherr Auffenberg von Komarow, war ungewöhnlich gebildet und vor allem auch in der schönen Literatur sehr bewandert. Seine überaus scharfe Zunge war armeekundig. Zu Beginn des Ersten Weltkrieges wollte der General den Russen in der Nähe des Ortes Komarow eine Kesselschlacht nach den besten Prinzipien von Cannae liefern. Das Unternehmen versprach tadellos zu klappen. Der Ring um die Regimenter des Zaren war beinahe geschlossen. An einer besonders gefährlichen Stelle kommandierte ein Erzherzog eine Division. Als Stabschef hatte der kaiserliche einen königlichen Prinzen erbeten und erhalten. Die Herren verloren offensichtlich die Nerven. Anstatt vorzugehen, um den Einschließungsring zu vollenden, retirierten sie und machten dadurch dem bereits fast umzingelten Gegner eine Lücke auf. Die Kriegskunst des Oberbefehlshabers konnte das Debakel wieder so einigermaßen flicken, aber mit dem erhofften Cannae war es nichts mehr. Auf der unbeschriebenen Seite einer Postkarte entwarf Ritter von Auffenberg den neuen Schlachtplan. Als er damit fertig war, wandte sich der

Feldherr zu seinem Stabe und sagte mit dröhnender Stimme: »Meine Herren, das hätten wir uns ja denken können. Wenn ein kaiserlicher Prinz kommandiert und ein königlicher Prinz den Stabschef spielt, da kann ja nur eine Trottelei herauskommen.«

Der letzte Obersthofmeister des Kaisers Franz Joseph ist Fürst Alfred Montenuovo gewesen. Er war ein enger Vertrauter und ein entfernter Verwandter des Monarchen. Des Fürsten Großeltern waren: Graf Adam Neiberg – auf italienisch Montenuovo – und die Herzogin von Parma, verw. Kaiserin der Franzosen, geborene Erzherzogin Marie Louise von Österreich. Die neukreierte Familie der Grafen und späteren Fürsten von Montenuovo bekam als Wappendevise die lateinischen Worte: Virtus sudore paratur. Zu deutsch: Die Tugend wird mit Schweiß errungen. Diese provokanten Worte veranlaßten den Meister der österreichischen Familienkunde, Friedrich Graf Lanjus von Wellenburg, zu der spitzen Bemerkung: »In Schweiß mögen die Herrschaften ja immerhin geraten sein, ob sie damit allein die ›Tugend erringen‹ wollten, scheint aber doch etwas zu wenig verbürgt.« Dieser oben erwähnte Erste Obersthofmeister S.M. des Kaisers von Österreich und Apostolischen Königs von Ungarn, Alfred 2., Fürst von Montenuovo meinte philosophisch nach dem Ableben Franz Josephs I. im November 1916: »Seine Majestät hat uns entweder zwanzig Jahre zu spät oder aber zehn Jahre zu früh verlassen.«

Die Integrationskraft der Donaumonarchie war in manchen Fällen eine erstaunliche. Von den rund 700 Offizieren des ehemaligen österreichischen Bundesheeres, die in der Deutschen Wehrmacht Generals- oder Oberstenrang erreichten, verfügten zwei Drittel über deutsche und zwanzig von Hundert über tschechische Namen. Der Rest von wenigen Prozenten verteilte sich auf madjarische, serbische, kroatische, ukrainische, italienische, rumänische und polnische Namen. Also gerade jenes Volk, welches zuletzt der Doppelmonarchie am kritischsten gegenübergestanden hat – die Tschechen –, ist auf der anderen Seite am stärksten integriert worden. Ähnlich ist es bei den Akademikern gewesen. Mit Ausnahme der Diplomaten und des größeren Teiles der Verwaltungsjuristen, der sogenannten Statthaltereibeamten, waren sämtliche anderen Finanz-, Gerichts- und Eisenbahnbeamten, aber auch die Ärzteschaft, die Professoren, die Anwälte und Notare oder was es sonst noch an Berufsgruppen mit akademischer Bildung gegeben haben mag, streng und scharf deutschnational. Der weit überwiegende Teil dieser betont deutschen Akademiker war in eine der zahlreichen Hochschulverbindungen korporiert. Die Farben vieler dieser studentischen Vereinigungen zeigten das schwarz-rot-gold der Revolutionsjahre 1848/1849. Ein Kenner der Materie meinte: »Nach meinen langjährigen Erfahrungen kommt der junge Doktor mit dezidiert schwarz-rot-goldenen Ansichten in seine erste Dienststellung. Je mehr Jahre vergehen, desto blasser wird das mittlere ›rot‹. Zuletzt, wenn er als Hofrat oder Medizinalrat oder Kommerzialrat den Gipfel seiner Laufbahn erreicht hat, ist das ›rot‹ bereits ganz verblaßt und übrig bleibt – schwarz-gelb.«